Большая книга «ПОЧЕМУ»

Большая книга «ПОЧЕМУ»

Вопросы и ответы, любопытная и полезная информация, викторины и занимательные опыты

Перевод с итальянского
Ольги Живаго

Москва «РОСМЭН» 2003

Il grande libro dei

«PERCHÉ»

Domande e risposte, curiositã e record,
quiz e attivitã

Наш адрес в Интернете **www.rosman.ru.**

ББК 20(4Ита)
ISBN 5-353-01030-2
ISBN 88-415-9503-5 (итал.)

Земля

Как устроена Земля

Планета Земля имеет форму шара, немного сплюснутого у полюсов.
На фотографиях, сделанных со спутников, видно, что большую часть ее поверхности занимают океаны, а среди них расположились континенты с их горами, равнинами, лесами, озерами и реками.
Слой горных пород, из которых сложены континенты и дно морей и океанов, называется земной корой.

Голубая планета
Землю называют так потому, что из космоса она выглядит голубой: ведь воды морей и океанов покрывают почти две трети ее поверхности.

• Кто? Как? Когда? •

Как называются ученые, которые изучают Землю?

Геологи изучают состав, строение и историю развития земной коры. Геофизики исследуют процессы, протекающие в атмосфере, на поверхности Земли и в ее недрах. Географы изучают и описывают ландшафт нашей планеты, распределение природных ресурсов, народонаселение и т. д. Они также составляют географические карты.

Триестский залив. Фотография, полученная со спутника

Ц•И•Ф•Р•Ы

• Ученые считают, что Земля образовалась 4,6 млрд. лет назад.

• Диаметр Земли у экватора равен 12 757 км, а у полюсов – 12 714 км.

• Площадь суши составляет примерно 149,6 млн. км².

• Площадь океанов приблизительно равна 360,65 млн. км².

Мир глазами древних

Древние народы представляли себе мир в виде плоского, омываемого водами диска, состоящего из трех континентов: Европы, Азии и Африки.

Земная кора

Континентальная кора, образующая сушу, состоит из спрессовавшихся осадочных пород. Она особенно толстая там, где проходят горные цепи. Океаническая же кора, выстилающая дно океанов, состоит в основном из более твердых пород и тоньше, чем континентальная.

Всегда ли Земля была такой, как сейчас

Когда-то суша была единым континентом. Со временем этот континент раскололся на части, которые разошлись и заняли привычное нам положение. Процесс расхождения континентов называется дрейфом.

Земля 200 млн. лет назад: суша представляет собой единый континент – Пангею. Пройдет много миллионов лет – и он разделится.

Земля 65 млн. лет назад: землетрясения и извержения вулканов раскалывают надвое континенты Лавразию и Гондвану.

Земля сегодня: семь континентов в их привычном для нас виде.

Что находится внутри Земли

Земля – это шар, состоящий из ядра и его оболочки. Наружная оболочка называется земной корой, под ней находится мантия, состоящая из расплавленных пород, а еще глубже – ядро. Его наружная часть жидкая, внутренняя же, хотя и раскалена до предела, твердая, потому что она очень сильно сжата. Чем дальше в глубь Земли, тем выше температура.

Магма

Верхняя часть мантии образована плотной и вязкой расплавленной породой – магмой, поверх нее «плавает» земная кора. Магма находится в постоянном движении и иногда прорывается наружу – тогда происходит извержение.

Толщина земной коры

Толщина земной коры составляет в среднем 35 км. И лишь в некоторых местах, под горными хребтами, она достигает 70 км.

• Кто? Как? Когда? •

Что такое драгоценные камни?

Когда магма остывает, минералы, входящие в ее состав, затвердевают и образуют кристаллы. Драгоценные камни – это кристаллы с особыми свойствами: у одних необычный цвет, другие очень твердые, третьи сверкают всеми цветами радуги. Их добывают из недр земли, обрабатывают специальным образом, чтобы проявились все их замечательные свойства, и используют при изготовлении ювелирных украшений. Самыми дорогими из драгоценных камней считаются бриллианты и рубины.

Бриллиант

В·И·К·Т·О·Р·И·Н·А

1) Как распределяются минералы в осадочных породах?

- ❐ Слоями
- ❐ Как попало
- ❐ В виде скоплений

2) Какой из этих природных материалов самый твердый?

- ❐ Алмаз
- ❐ Железо
- ❐ Кость

3) Какого из этих металлов больше всего в земной коре?

- ❐ Железо
- ❐ Медь
- ❐ Алюминий

4) Какая планета такого же размера, как Земля?

- ❐ Марс
- ❐ Плутон
- ❐ Юпитер

5) Какой из драгоценных камней зеленого цвета?

- ❐ Топаз
- ❐ Изумруд
- ❐ Сапфир

Ответы:
1) слоями; 2) алмаз;
3) алюминий; 4) Марс;
5) изумруд.

Как образуются горные породы

Горные породы, из которых сложена земная кора, состоят из различных минералов и имеют различное происхождение.

Базальт

Породы образуются, когда магма, поднимаясь по трещинам в земной коре, остывает и кристаллизуется. К магматическим породам относятся базальт, гранит, пемза и обсидиан.

Песчаник

Осадочные породы состоят из обломков горных пород, останков животных и растений и других веществ, нанесенных водой или ветром. Они накапливаются на дне морей и океанов или на суше, спрессовываются под давлением верхних слоев и превращаются в камень. Такое происхождение имеют песчаник, известняк и глины.

Гнейс

Розовый мрамор

Иногда во время землетрясений горные породы уходят глубоко под землю и там под действием высоких температур и давления превращаются в метаморфические породы. К породам этого типа относятся кровельные (аспидные) сланцы, мрамор и гнейс.

Копать и копать...

Самый глубокий в мире колодец уходит под землю на глубину 15 км. Не так уж много, если вспомнить, как далеко еще до центра Земли!

Как рождаются горы

Земная кора состоит из 17 отдельных частей, называемых тектоническими плитами. Они смыкаются друг с другом, как фрагменты мозаики. Эти плиты «плавают» на поверхности магмы, расходятся в стороны или надвигаются друг на друга. Во время столкновений плит происходит землетрясение, извергаются вулканы, образуются горные хребты. Движущиеся плиты сжимают горные породы, они изгибаются складками и образуют складчатые горы. Иногда в коре возникают трещины, и на поверхность выходят огромные блоки породы – горсты. Так образуются горстовые горы.

Конусы и купола

Изливаясь из жерла вулкана, магма затвердевает и образует гору в форме конуса. Иногда, поднимаясь из недр земли, она лишь вспучивает над собой, словно пузырь, пластичные горные породы и образует горы, имеющие форму купола.

Горстовые горы

Горную цепь Сьерра-Невада в Северной Америке составляют горстовые горы.

• ЧТО? КАК? КОГДА? •

Как измеряют высоту гор?

Высоту гор отсчитывают от уровня поверхности моря. Так, высота горы К-2 (8616 м) равна расстоянию от ее вершины до этого уровня.

Что такое долина

Долина — это углубление в форме корыта, расположенное между склонами гор. Ее образуют сползающие вниз ледники и текущие реки. Форма долины зависит от ее происхождения.

Складчатые горы

Горная цепь Гималаи образовалась в результате столкновения Индии, которая в то время была островом, с плитой, на которой находится Азия. Столкновение Африканской плиты с Евразийской породило такие горные системы, как Альпы, Апеннины, Пиренеи и Атласские горы.

С·А·М·Ы·Е - С·А·М·Ы·Е

• Самая высокая горная вершина на Земле – Эверест; ее высота 8848 м. На втором месте – гора К-2, ее высота 8616 м. Обе они входят в горную цепь Гималаи.

• Первыми альпинистами, покорившими Эверест, стали в 1953 г. англичанин Э. Хиллари и непалец Тенцинг.

• Первым человеком, поднявшимся на Эверест в одиночку, стал в 1980 г. итальянец Рейнхольд Месснер. Ему же принадлежит еще один рекорд: восхождение на 14 вершин высотой более 8000 м без кислородного аппарата.

• Самая длинная в мире горная цепь (7200 км) – Южно-Американские Анды.

Ледниковые долины, образованные медленно движущимися ледниками, имеют форму латинской буквы «U»: у них крутые склоны и плоское дно.

Речные долины, образованные реками и водными потоками, имеют форму латинской буквы «V»: их склоны более пологие, а дно узкое.

Неужели Земля все еще изменяется?

Глядя изо дня в день на какой-нибудь пейзаж, мы не замечаем в нем никаких перемен. Однако Земля постоянно меняется – пусть даже медленно и незаметно для глаз. Материки потихоньку смещаются вместе с тектоническими плитами, и через несколько миллионов лет две Америки – Северная и Южная – разъединятся, а Европа отдалится от Африки. Извержения вулканов, землетрясения, наводнения изменяют континентальную и океаническую кору. Дожди и ветер, реки, морские волны и льды разрушают горные породы, переносят с места на место их обломки, изменяя таким образом ландшафт.

Горы старые и молодые

У молодых гор, образовавшихся несколько десятков миллионов лет назад, острые вершины, старые же горы более пологие, их частично разрушили вода, лед и ветер.

Круглые камни

Волны и речная вода перемалывают и шлифуют обломки горных пород, превращая их в гладкую гальку.

• Кто? Как? Когда? •

Как образуется песок?

Песок образуется при истирании горных пород под действием дождей, ветра, морских волн и речных потоков. Его цвет зависит от того, из какой породы он образовался. Например, песок вблизи коралловых рифов – белый или бело-розовый, а рядом с вулканами – темно-серый.

Лавины

Иногда огромные массы снега и льда срываются с крутых склонов гор и с огромной скоростью устремляются вниз, образуя разрушительные лавины.

Оползни

Пересыщенная водой почва может сползать вниз целыми пластами.

Почему побережья такие разные

Побережье – место, где встречаются суша и море. Тип побережья зависит от того, из каких пород сложен берег, и от силы волн. Вид береговой зоны меняется под воздействием моря.

Выступающие в море отвесные скалы находятся под постоянными ударами волн, которые образуют в них бухты и пещеры.

Фьорды, особенно часто встречающиеся на побережье Скандинавии, образуются при затоплении морскими водами ледниковых долин.

Там, где море или река выносят на берег мелкие частицы пород, образуются широкие песчаные пляжи.

Что такое землетрясение

Плиты, образующие земную кору, находятся в постоянном движении: они наползают друг на друга, скользят или расходятся. В том месте, где плиты трутся друг о друга, скапливается огромное количество энергии, и, когда наконец плиты сдвигаются с места, происходит резкое ее высвобождение, сотрясающее земную кору. По ней распространяются так называемые сейсмические волны – и происходит землетрясение. Землетрясения бывают такими мощными, что рушатся целые города и гибнет много людей.

Где чаще всего случаются землетрясения

Землетрясения происходят в основном вдоль границ тектонических плит – глубинных разломов, уходящих в мантию. Регионы, где находятся такие разломы, называются сейсмоактивными. Они расположены в Японии, в центральной части Азии, в Юго-Восточной Европе, в Соединенных Штатах Америки (прежде всего в Калифорнии).

Гипоцентр и эпицентр

Точка, в которой рождаются сейсмические волны, называется гипоцентром, и она находится под землей. Эпицентр – это точка земной поверхности, расположенная непосредственно над ним.

Что такое ледник

Льды покрывают почти $^{1}/_{10}$ поверхности Земли. Ледник – это огромная масса спрессовавшегося снега, который превратился в лед. Ледники образуются в регионах с низкой температурой – за полярным кругом или высоко в горах, где накапливающийся снег не успевает таять под солнцем. Ледники в горах обладают большой разрушительной силой: медленно сползая вниз, они перемалывают горные породы, выскабливают каменное ложе долины и выносят к подножию гор перетертые осколки камней.

С-А-М-Ы-Е - С-А-М-Ы-Е

- Ледники покрывают почти 14 млн. км^2 земной поверхности.
- Самый «быстрый» ледник – Колумбия на Аляске, он движется со скоростью примерно 20 м в сутки. Альпийские ледники «текут» со средней скоростью 50 м в год.
- Самый толстый слой льда (4780 м) в Антарктиде.
- Ледник в Альпах образуется за время от 2 до 20 лет.
- Самый длинный (700 км) айсберг – это ледник Ламберта в восточной части Антарктиды.

Айсберги

Это огромные плавающие в океанах обломки ледников Гренландии и полярных регионов. Их уносят далеко от того места, где они образовались, ветры и морские течения. Лишь $^{1}/_{8}$ айсберга выступает из воды: остальная его часть погружена в море. Айсберг может таять целых 10 лет.

Почему извергаются вулканы

Под земной корой находятся расплавленные горные породы – магматическая масса. Устремляясь из недр Земли вверх, она вырывается на поверхность – и тогда происходит извержение вулкана. Из его жерла вытекают потоки лавы, валят клубы дыма, выбрасывается горячий пар, пепел и пыль. Раскаленная (до 1100 °С!) лава, стекая по склонам, уничтожает все на своем пути. Постепенно она остывает и превращается в твердую породу серого или черного цвета.

• ЧТО? КАК? КОГДА? •

Что такое гейзеры?

Гейзер – это струя пара и кипятка, вырывающаяся из недр Земли в том месте, где в земной коре имеются трещины. Иногда струя поднимается вверх на 10 м. Пар образуется от жара магмы: в него превращаются подземные воды на больших глубинах.

С·А·М·Ы·Е - С·А·М·Ы·Е

Сила извержения вулкана измеряется количеством взвешенных в воздухе частиц вулканической пыли. Вот самые мощные в истории Земли извержения (в порядке уменьшения их интенсивности):

- Тамбора, Индонезия (1815)
- Кракатоа, Индонезия (1883)
- Катмаи, США (1912)
- Везувий, Италия (79 г. н. э.)
- Сент-Хеленс, США (1980)

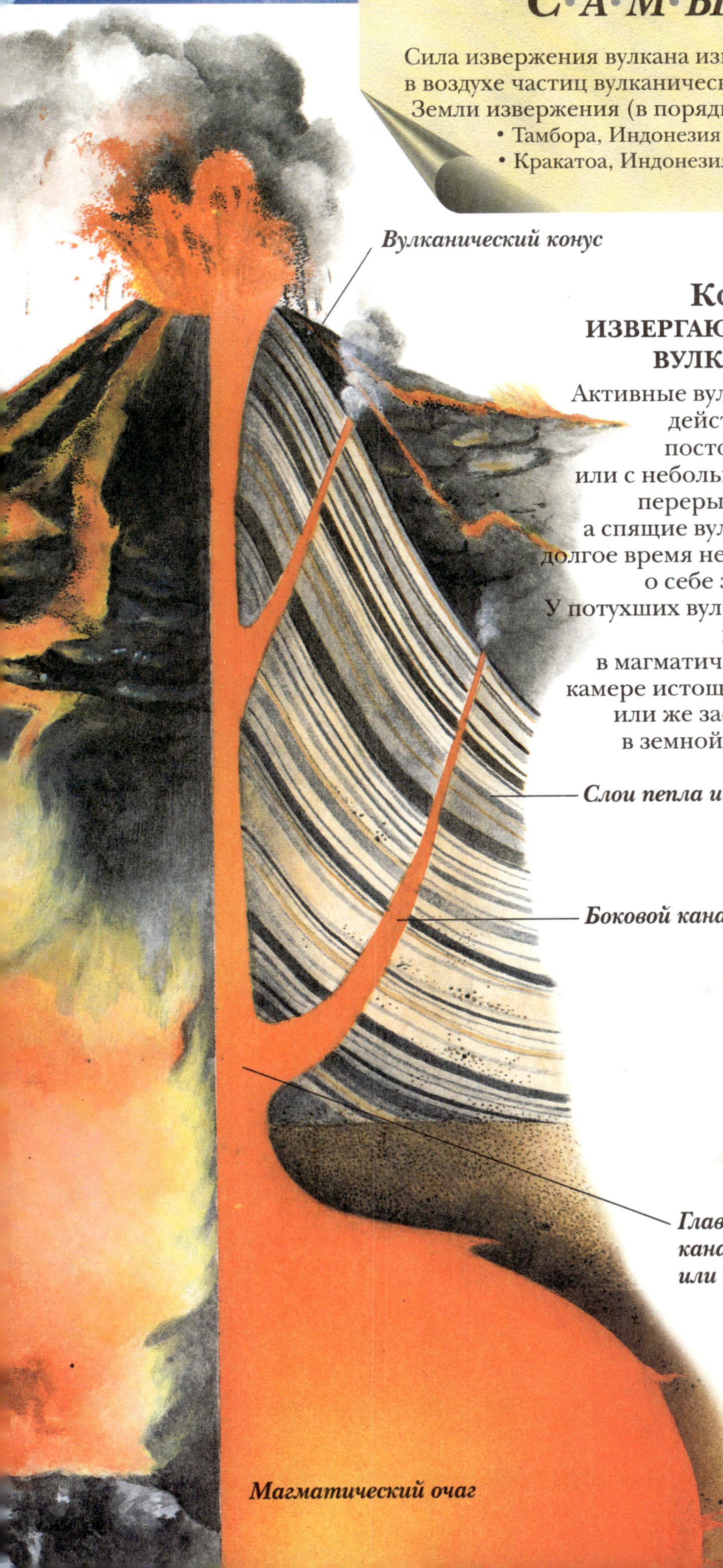

Когда извергаются вулканы

Активные вулканы действуют постоянно или с небольшими перерывами, а спящие вулканы долгое время не дают о себе знать. У потухших вулканов магма в магматической камере истощилась или же застыла в земной коре.

Все ли вулканы одинаковы

Форма вулкана зависит от свойств лавы и от того, каким образом она выходит наружу.

Когда лава очень жидкая, она успевает растечься далеко от места выхода на поверхность и только потом застывает, образуя щитовой вулкан – плоский и широкий.

Более густая лава быстро застывает и образует конусообразный вулкан с крутыми склонами.

Очень густая лава застывает мгновенно, она не растекается и образует вулканы в форме шпиля высотой до 300 м!

Трещинные вулканы расположены вдоль длинных и узких трещин в земной коре. Они извергаются из трещин на дне океана. Магма выходит очень медленно и застывает на дне, не образуя вулканических гор.

Как появились моря и океаны

Вначале Земля была раскаленным сгустком пыли и газа. Со временем из этого сгустка образовался шар, его поверхность постепенно остыла и затвердела. Газы, выходящие из вулканов, образовали атмосферу, а водяные пары превратились в воду. Дождевая вода заполнила впадины в земной коре — так появились моря и океаны. Океаны — огромные массы воды, разделяющие континенты. Самый большой океан — Тихий, за ним следуют Атлантический и Индийский. Моря гораздо меньше по площади; почти все они соединяются с океанами или другими морями.

С·А·М·Ы·Е-С·А·М·Ы·Е

- Тихий океан не только самый большой, но и самый глубокий: глубина пропасти Челленжера в Марианском желобе — 11 034 м!
- Самое большое море на земном шаре — Южно-Китайское, площадь его поверхности равна 3 447 000 км.
- В Тихом океане находится самая удаленная от суши точка, от нее до ближайшего берега 2575 км.

Почему море соленое

Вода в морях и океанах соленая, потому что в ней содержится много минеральных веществ, особенно хлористого натрия — обычной поваренной соли.

Что находится на дне океана

На дне океана есть горные цепи, вулканы, равнины и глубокие пропасти. Окраины континента, затопленные водой, называется шельфом, нижняя граница шельфа находится на глубине 200 м, затем круто обрывается на глубину примерно 3000 м. Здесь начинается равнина с вулканами, протяженными горными цепями, разломами, через которые из недр Земли выходит магма. Большинство океанических хребтов проходит вдоль границ тектонических плит.

Что такое остров?

Остров – это часть суши, окруженная водой.

Материковый остров – это часть суши, отделившаяся от материка.

Океанические острова – это возвышающиеся над водой вершины горных хребтов, нередко вулканического происхождения.

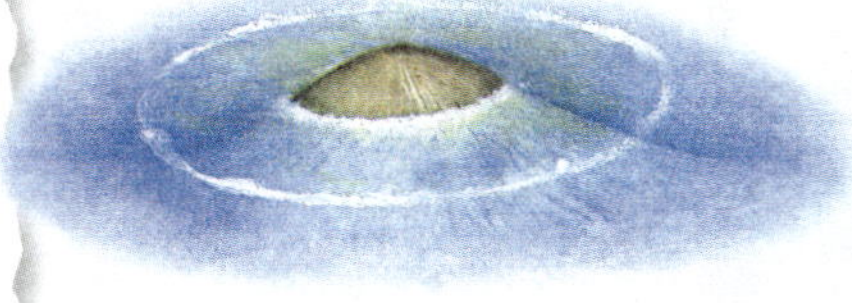

Атолл – это цепочка островов в форме кольца; его образуют кораллы, выросшие вокруг погрузившегося в воду вулкана.

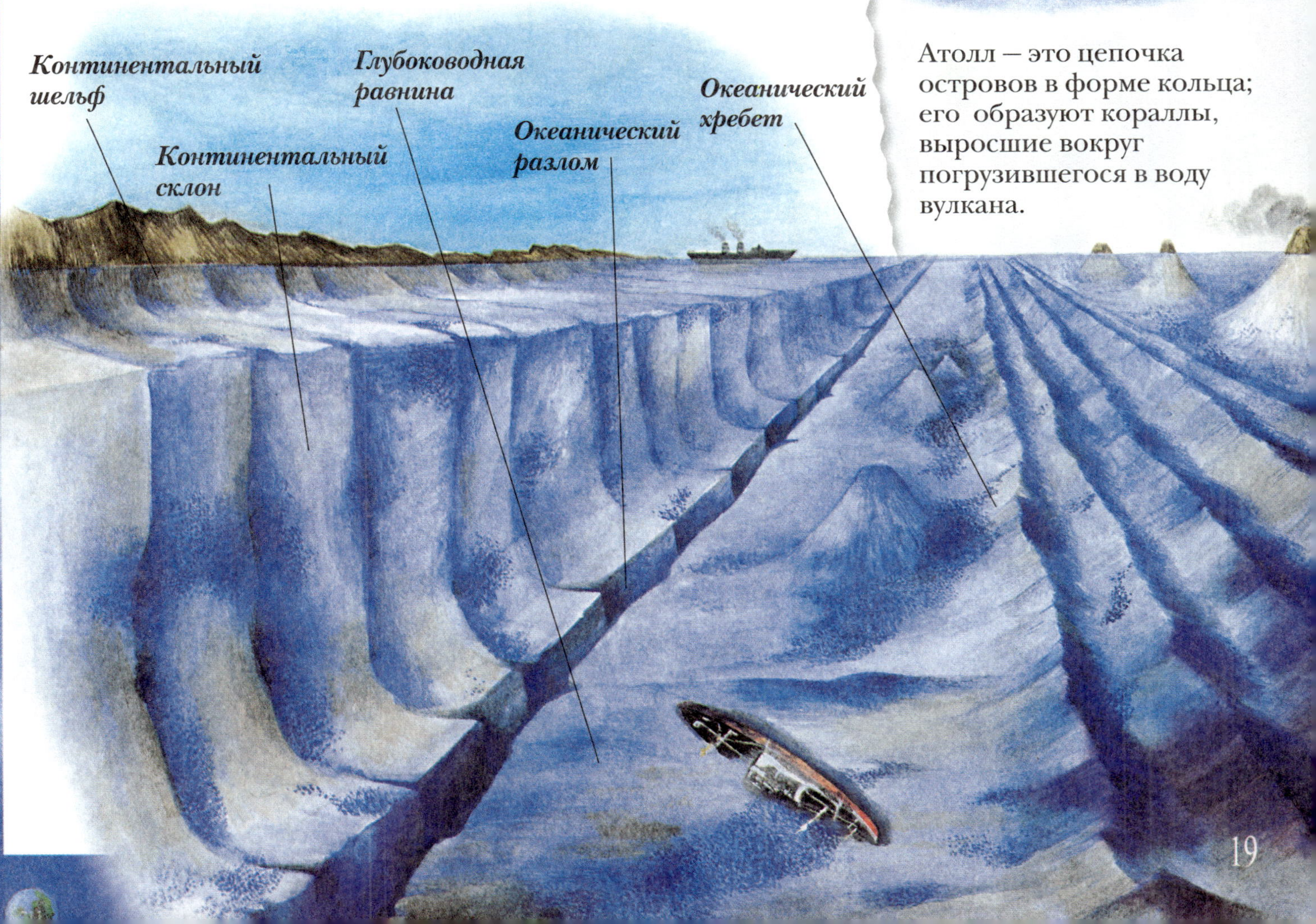

Как образуются волны

Волны поднимает ветер, дующий над морями и океанами; чем ветер сильнее, тем выше волны. Вода поглощает энергию ветра и передает ее дальше – так распространяются волны. Именно поэтому море волнуется даже в безветренную погоду. Высотой волны называется расстояние от ее гребня до поверхности моря. Чем дальше волны уходят от того места, где они возникли, тем меньше их высота. Волны бегут лишь по поверхности моря, на глубине ниже 200 м вода неподвижна.

Откуда берутся приливы и отливы

Луна, как магнит, притягивает к себе Землю со всеми ее морями и океанами, отчего уровень воды в них меняется – возникают приливы и отливы.

На фотографиях: гора Сен-Мишель во Франции. Во время прилива она оказывается полностью окруженной водой и превращается в остров.

• ЧТО? КАК? КОГДА? •

Что такое подводное землетрясение?

Землетрясение, происходящее на дне океана, поднимает на воде огромные волны – цунами. Со скоростью до 100 м/с они распространяются на тысячи километров, а у берега вздымаются валом до 50 м, круша все на своем пути.

Что такое пещера

Пещера – это полость под землей, образовавшаяся в результате эрозии. Пещеры бывают разные. Одни вымывает дождевая вода, просачивающаяся сквозь трещины в земле, другие проделывают подземные потоки лавы. Есть пещеры, выбитые в скалистых берегах морскими волнами или размытые водой в ледниках. Наконец, пещеру могут выдолбить в горных породах струи песка, которые несет ветер.

Самые-самые

- Самая глубокая пещера в мире – Жан-Бернар во Франции, она спускается под землю на 1602 м.
- Самый длинный в мире сталактит (28 м) находится в Испании в пещере Нерхи.
- Самый высокий сталагмит (32 м) находится в пещере Красногорска в Республике Чехия.

Что такое сталактиты и сталагмиты

Дождевая вода вымывает в породах карстовые пещеры. На их потолке собираются капли воды, просочившейся с поверхности. Высыхая, каждая капля оставляет частички растворенных веществ. За многие сотни лет эти вещества наслаиваются и образуют свисающие вниз каменные сосульки – сталактиты. Навстречу им с пола пещеры растут сталагмиты. Их образуют падающие со сталактитов капли воды, насыщенные минеральными веществами.

Как рождаются реки

Реки образуются из тающих ледников, горных озер, ручьев и родников. Чаще всего они рождаются в горах.
У истока, стекая вниз по крутым склонам, вода мчится с огромной скоростью. На равнине течение реки замедляется, она неспешно несет свои воды, делая плавные повороты, называемые меандрами. От истока до устья – места, где река впадает в море или другую реку, – она пополняется водами мелких рек и ручьев.

Русло

Русло реки – это ложе, по которому она течет. Но сама же река его постоянно изменяет. В одних местах она подмывает берега, в других – наносит ил и песок, образуя излучины.

Количество воды

Количество воды в реке не всегда одинаково: оно увеличивается во время сильных дождей, весной, когда тает снег, и уменьшается летом – тогда некоторые реки вообще пересыхают.

• КАК? КОГДА? ПОЧЕМУ? •

Почему морская вода соленая, а речная – нет?

Речная вода, как и морская, тоже содержит соли. Она вымывает их из пород, по которым проложено ее русло. Однако количество этих солей так мало, что не чувствуется на вкус. Впадая в море, река приносит с собой растворенные соли. Морская вода испаряется, а соли остаются. Скапливаясь в большом количестве, они делают воду соленой.

Как устроено устье реки

Устье реки при впадении в море образует либо дельту, либо эстуарий – в зависимости от высоты морских приливов и количества речных наносов. В устье речная вода солоновато-горькая, потому что она перемешивается с морской водой.

В·И·К·Т·О·Р·И·Н·А

1) *Где река течет быстрее – на равнине или в горах?*

2) *Какая река самая длинная в Европе?*

3) *В меандрах река течет быстро или медленно?*

4) *Как определяют, где у реки правый берег, а где – левый: стоя лицом к источнику или спиной?*

Ответы:
1) в горах; 2) Волга; 3) медленно; 4) спиной.

Эстуарий: если прилив высокий, то морская вода попадает в устье и размывает его, образуя глубоко вдающийся в сушу залив.

Дельта: если прилив слабый, то морская вода не может затопить намытые рекой мели и островки, и они разбивают реку на многочисленные расходящиеся веером рукава.

Что такое водопад

Если река встречает на своем пути высокий уступ, она стремительно летит с него вниз, образуя водопад. Иногда такие уступы создает сама река: она вымывает мягкие породы и уносит их вниз по течению, а твердые породы обнажаются. Чаще всего такое случается в горах, где течение реки очень сильное. Вода, падающая с уступа, вымывает в основании водопада глубокую ванну.

Самые - самые

• Самый высокий водопад в мире — Сальто-Анхель в Венесуэле. Вода в нем падает с уступа в 972 м — это в три с лишним раза выше Эйфелевой башни.

• Самый широкий в мире водопад — Кон в Лаосе (Азия). Его ширина — 11 км, а высота — от 15 до 20 м.

Что такое пороги?

Порог — это цепочка уступов в русле, расположенных террасами. Вода спускается по ним, как по лестнице.

Река Нил

На участке Нила от города Асуан до устья — шесть порогов. У первого порога высотой 5 м построена крупнейшая Асуанская плотина и мощная гидроэлектростанция.

Как образуется озеро

Озера – это углубления в земной поверхности, заполненные водой. Они могут возникать в кратерах потухших вулканов или в котловинах, вырытых ледниками. Иногда озера образуются в результате обвала горных пород, преградивших путь реке, или скопления отложений у берега моря. Озера могут пополняться подземными водными источниками, давать начало рекам.

Почему у озер разная форма

Форма озера зависит от его происхождения.

Вулканические озера небольшие, они повторяют форму кратеров.

Если озеро образовалось в верхней части ледника, то оно имеет круглую форму.

Озера, заполняющие ледниковую долину, узкие и удлиненные.

Прибрежные озера удлиненной формы. Они расположены вдоль береговой линии и образуются в тех местах, где река не имеет свободного выхода к морю.

Зачем нужны водохранилища

Водохранилища снабжают водой города, промышленные предприятия и оросительные системы. На них часто строят гидроэлектро-станции.

Что такое атмосфера

Нашу планету окутывает плотный слой воздуха – атмосфера, только поэтому на Земле смогла зародиться жизнь. Атмосфера защищает нас от смертоносных космических лучей и космического холода, в ней содержится кислород, которым мы дышим. Она поднимается на 800 км вверх над поверхностью Земли и состоит из пяти слоев. Ближайший к земной поверхности слой называется тропосферой (от греческого tropos – «движение»). Это самая неспокойная часть атмосферы, здесь протекают метеопроцессы, определяющие погоду. По мере удаления от поверхности Земли атмосфера разреживается все более, и наконец газы в ней совсем исчезают.

Тропосфера (0–10 км) начинается прямо от земной поверхности и состоит из азота, кислорода, углекислого газа, водяных паров и частиц пыли. Здесь образуются облака, рождаются грозы, ливни и снег. В верхней части тропосферы температура понижается до –70 °С.

В мезосфере (50–80 км) сгорают попавшие в гравитационное поле Земли небесные тела, например метеориты. В верхних слоях мезосферы очень холодно – до –90 °С, нижняя часть более теплая, потому что ее греет стратосфера.

В стратосфере (10–50 км) есть тонкий слой озона – газа, который защищает Землю от губительных солнечных лучей. Загрязнение окружающей среды приводит к разрушению этого слоя и угрожает всему живому. Температура стратосферы меняется с высотой: на нижней границе она равна примерно –70 °С, на верхней – около нуля.

• КАК? КОГДА? ПОЧЕМУ? •

Почему атмосфера нас еще не раздавила?

Над нами висят почти 15 т воздуха, которые давят на нас, хотя мы этого и не замечаем. Воздух до сих пор нас не раздавил, потому что его давление уравновешивается тем воздухом, который находится внутри нашего организма.

П·Р·О·В·Е·Д·И О·П·Ы·Т

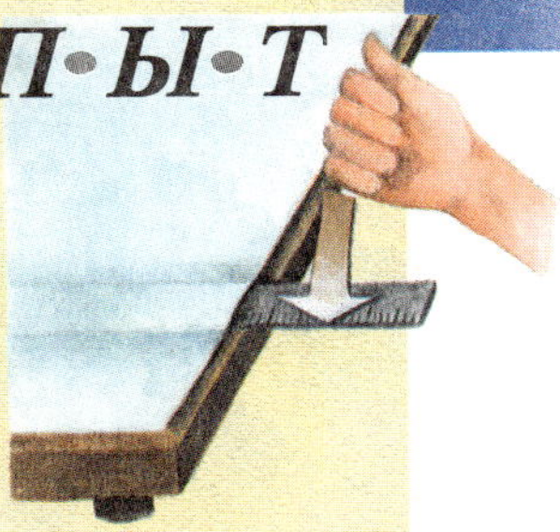

Если ты хочешь убедиться, что воздух имеет вес, проделай следующий эксперимент. Положи линейку на стол так, чтобы одна ее часть выступала от края стола. Накрой стол вместе с линейкой большим листом бумаги и хорошенько пригладь его, чтобы он плотно прилегал к поверхности стола. Теперь ударь по выступающему концу, и ты увидишь, что лист не только никуда не улетает, но даже не отрывается от стола, потому что на него со всей силой давит воздух.

В ПОЛЕТЕ

Чтобы атмосферные процессы не мешали полету, самолеты летают вдоль верхнего края тропосферы, в 10 км от земли. Там воздух чище и спокойнее.

В термосфере (80—500 км) температура достигает 1500 °С. В ее верхних слоях летают искусственные спутники Земли и космические зонды.

Экзосфера (выше 500 км) сильно разрежена, в ней почти нет воздуха.

Почему небо голубое

Солнечный свет кажется нам белым, но на самом деле он состоит из семи разных цветов – таких же, что и радуга. Солнечные лучи, входя в атмосферу, расходятся веером, при этом одни цвета поглощаются воздухом, другие отражаются, и некоторые из них мы видим лишь под определенным углом. Небо кажется нам голубым, потому что оно отражает лишь эти лучи, которые и попадают к нам в глаза. На рассвете и закате небо приобретает красный цвет. Солнце стоит у линии горизонта, именно красные лучи отражает теперь атмосферный воздух, их мы и видим.

Как образуется радуга

В воздухе после грозы повисают миллионы капелек воды. Солнечный свет, проходя сквозь них, разлагается на свои семь цветов и образует в небе цветную арку. Цвета в радуге всегда расположены в следующем порядке: красный, оранжевый, желтый, зеленый, голубой, синий и фиолетовый.

• Как? Когда? Почему? •

Почему в космосе темно?

В луче солнечного света, проникающего в темную комнату через щель, мы видим танцующие пылинки – на них и рассеивается свет. Если нет атмосферы с пылинками, свету не на чем рассеиваться, и мы его попросту не видим. Вот почему на фотографиях космоса планеты находятся на фоне темного неба.

ПОЧЕМУ ДУЕТ ВЕТЕР

Прогреваясь на солнце, воздух становится легче и поднимается вверх. Холодный же, более тяжелый воздух опускается вниз. Массы горячего и холодного воздуха перемешиваются постоянно: теплый воздух поднимается, и его место занимает холодный воздух. Этот процесс и порождает ветер. Ученые-метеорологи следят за направлением ветров, чтобы предсказывать погоду в различных уголках Земли. Для этого они изучают полученные со спутников изображения земной поверхности, над которой видны движущиеся массы облаков.

Ц·И·Ф·Р·Ы

По такой шкале измеряют силу ураганов.

Баллы	Скорость ветра (км/ч)	Разрушения
1	120–153	минимальные
2	154–177	умеренные
3	178–209	значительные
4	210–249	огромные
5	более 250	катастрофические

ЧТО ТАКОЕ ЦИКЛОН?

Циклон – это сильнейший ураган, который образуется над теплыми водами тропических океанов. Водяные пары и теплый воздух быстро поднимаются вверх, образуя гигантскую спираль. Спираль с огромной скоростью закручивается вокруг своего центра – его называют глазом – и быстро перемещается с места на место. Обрушиваясь на берег, циклон проливается дождями с сильным ветром и поднимает высокие волны.

Как образуются облака

Под действием солнечного тепла вода рек, озер, морей и океанов испаряется. Водяные пары поднимаются вверх и, встречаясь с более холодным воздухом, конденсируются, то есть вновь превращаются в мельчайшие капельки воды. Из таких капелек и состоят облака. Иногда облака образуются, когда массы теплого воздуха наталкиваются на гору, поднимаются вверх по ее склонам, охлаждаются и конденсируются.

Такие разные облака

Характеристика облаков зависит от их формы и высоты над поверхностью земли.

Перистые облака: тонкие, белые «перья» или нити; иногда предвещают дождь.

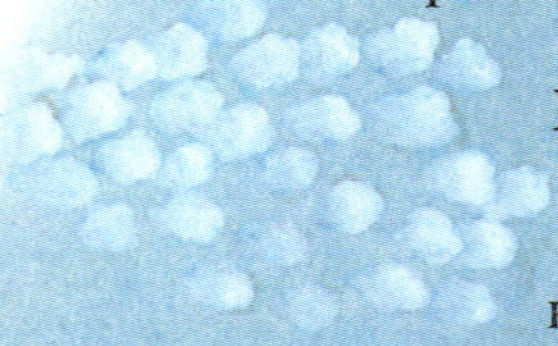

Перисто-кучевые: мелкие барашки состоят из кристалликов льда; предвещают холодную погоду.

Перисто-слоистые: ровная белесая полупрозрачная пелена; предвещают дождь или снег.

Высоко-кучевые: светлые крупные «барашки» или «хлопья» с сероватым оттенком, заметно ниже перисто-кучевых.

Слоистые: серовато-белая пелена; предвещают дожди.

Слоисто-дождевые: темно-серая пелена; несут дожди.

Слоисто-кучевые: похожи на слоистые, но с хорошо заметными серыми «волнами»; предвещают небольшой дождь.

Слоистые: низко расположенная сплошная серая пелена; приносят моросящий дождь или мелкий снег с ветром.

Кучевые: белые и рыхлые облака, напоминающие стога сена; предвещают хорошую погоду.

Кучево-дождевые: на большой высоте, снизу темные; предвещают снег, дождь и грозу.

Как? Когда? Почему?

Почему появляется туман?

Туман состоит из мельчайших капелек воды. Они образуются при конденсации водяных паров у поверхности земли. Туман появляется, когда температура резко понижается и воздух, насыщенный водяными парами, быстро охлаждается.

Почему идут дожди и падает снег

Капельки воды, из которых состоят облака, движутся. Подгоняемые воздухом, они сталкиваются друг с другом и соединяются, образуя все более крупные капли. Когда они становятся слишком тяжелыми, то падают на землю в виде дождя. Прежде чем упасть, каждая капля увеличивается в миллионы раз, но, даже падая, она продолжает расти – по пути в нее вливаются новые капли. При очень низких температурах капли воды в облаках превращаются в кристаллики льда, а те, в свою очередь, в хлопья снега.

Что такое град

Град образуется, когда верхушки дождевых облаков попадают в область низких температур. Воздушные круговые течения подхватывают замерзшие капельки воды и уносят их вниз. Здесь они сливаются с другими капельками, вновь поднимаются вверх и замерзают и так далее. С каждым кругом слой льда на них утолщается, и наконец они падают вниз в виде градин.

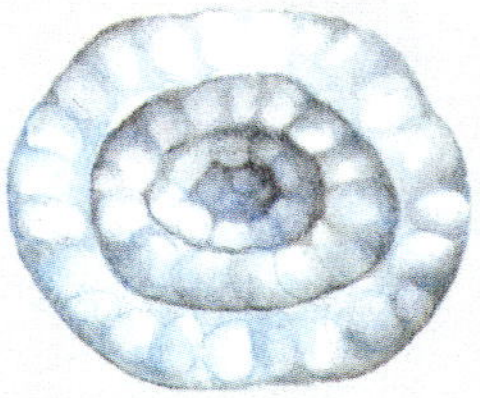

Расколов градину, ты увидишь, что она состоит из нескольких слоев льда, которые образовались во время многократных взлетов и падений капель воды.

• Что? Как? Когда? •

Что такое снег?

Снег падает мягкими, рыхлыми хлопьями, а состоят эти хлопья из мельчайших кристалликов льда. Все кристаллики имеют шестиугольную форму, но рисунок каждого неповторим. На земле пласты снега уплотняются, потому что снег своим весом вытесняет воздух из снежинок.

Как Земля движется

Земля находится в постоянном движении: она вращается вокруг своей оси и одновременно вокруг Солнца. Это непрерывное вращение определяет смену дня и ночи, а также чередование времен года. Земная ось – это воображаемая линия, проходящая через полюса. Полный оборот вокруг своей оси – против часовой стрелки – Земля совершает за 24 часа. Вокруг Солнца Земля обращается тоже против часовой стрелки; она движется по эллиптической (овальной) орбите и полный оборот совершает за 365 суток и 6 часов.

Календарь

Год состоит из 12 месяцев. Один месяц – это время, за которое Луна совершает полный оборот вокруг Земли (он равен 29,5 суток).

• Что? Как? Почему? •

Что такое високосный год?

Чтобы обойти один раз вокруг Солнца, Земле требуется не точно 365 суток, а на 6 часов больше. Эти дополнительные часы обязательно нужно учитывать в календаре, поэтому договорились каждые четыре года прибавлять к февралю одни сутки (24 часа) – ровно столько набегает за это время. Поэтому високосный год состоит из 366 дней.

П·Р·О·В·Е·Д·И О·П·Ы·Т

Чтобы начертить земную орбиту, возьми плотный лист бумаги и воткни в него две булавки – примерно посередине листа, не очень далеко друг от друга. Надень на карандаш и на булавки круглую резинку так, чтобы она образовала треугольник. Натянув резинку, прочерти карандашом линию вокруг булавок: ты получишь эллипс, сплющенный круг.

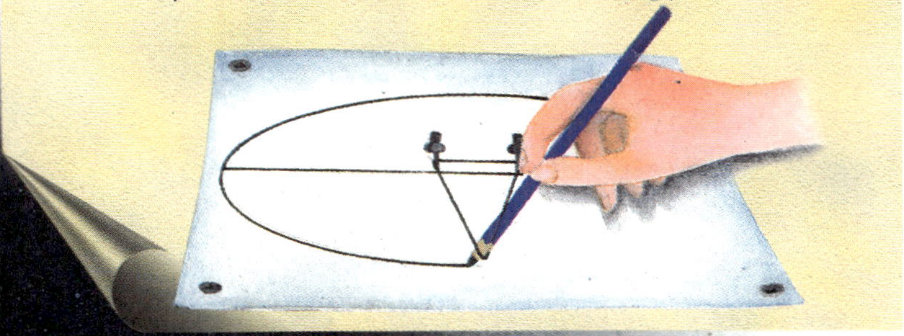

День и ночь

Сутки – это время, за которое Земля совершает полный оборот вокруг своей оси. Они включают светлые часы – день и темные – ночь. В каждый момент времени Солнце освещает только половину Земли – тогда на ней царит день, а на противоположной стороне – ночь. Продолжительность дня и ночи в разных точках Земли неодинакова.

Отчего происходит смена времен года

Земная ось немного наклонена к плоскости околосолнечной орбиты, поэтому верхняя часть земного шара – Северное полушарие – повернута к солнечным лучам под другим углом, чем нижняя, то есть Южное полушарие. Смена времен года происходит потому, что Земля обращается вокруг Солнца, и то одна его половина, то другая оказывается освещена сильнее. В том полушарии, на которое лучи Солнца падают отвесно, лето: там день длится дольше, чем ночь. В противоположном полушарии в это время зима: солнечные лучи падают на него косо и день короче ночи. Осенью и весной день и ночь длятся примерно одинаково. На полюсах летом светло и днем и ночью, а зимой там ночь круглые сутки.

Сколько всего времен года

Год поделен на четыре периода – четыре времени года, по три месяца каждый. Однако в приполярных регионах всего два времени года: лето и зима, и длятся они по шесть месяцев. На экваторе же нет времен года. День и ночь там длятся всегда одинаково, часто идут дожди и всегда жарко.

Самый длинный день в году в Северном полушарии – 21 июня. Летом на Северном полюсе светло круглые сутки, а Южный полюс в это время погружен во тьму. В противоположном полушарии 21 июня – самый короткий день.

23 сентября в Северном полушарии день равен ночи.

В·И·К·Т·О·Р·И·Н·А

1) ***Как называется расстояние (в градусах) от данной географической точки до экватора – широтой или долготой?***

2) ***От чего обычно зависит погода в тот или иной сезон – от широты или от долготы?***

3) ***Сколько всего параллелей на земном шаре?***

4) ***Сколько меридианов?***

5) ***Меняется ли наклон земной оси, когда Земля движется вокруг Солнца?***

Ответы:
1) *Широтой;* 2) *от широты;* 3) *180;*
4) *360;* 5) *нет.*

21 марта, как и 23 сентября, длительность дня и ночи одинаковы.

21 декабря – самый короткий день в Северном полушарии. В это время Северный полюс погружен во тьму, а на Южном круглые сутки светло. В Южном полушарии это самый длинный день в году.

Полушария

Экватор – это воображаемая линия, которая находится на одинаковом расстоянии от полюсов и разделяет Землю на два полушария: Северное и Южное.

Меридианы и параллели

Географические карты Земли испещрены линиями, которые позволяют определить координаты любой точки на земной поверхности. Параллели – это горизонтальные линии, параллельные экватору, а меридианы – линии, соединяющие один полюс с другим; они разрезают Землю на равные части.

Везде ли заходит Солнце за горизонт?

За Северным полярным кругом 21 июня Солнце остается на небе даже в полночь: оно опускается до линии горизонта, но не заходит за него, а сразу снова начинает подниматься.

Почему на полюсах всегда холодно

Солнечные лучи, освещающие Землю, греют тем сильнее, чем отвеснее они падают. На экваторе они почти перпендикулярны, поэтому здесь всегда жарко. Если же лучи падают косо, они греют очень слабо. Именно поэтому на полюсах холодно даже летом, температура там не поднимается выше нуля, а зимой падает до –80 °С. Сушу и море там покрывают вечные льды.

С·А·М·Ы·Е - С·А·М·Ы·Е

- Самая низкая температура (–89 °С) была зарегистрирована на станции «Восток» в Антарктиде в 1983 г.
- Самый холодный населенный пункт – поселок Оймякон – находится в Сибири. Здесь в 1933 г. была зарегистрирована температура –68 °С.
- Во многих районах Антарктики средняя температура не превышает – 57 °С.

Можно ли жить на полюсах?

В зону Арктики входит Северный Ледовитый океан, покрытый вечными льдами, и северные оконечности Америки, Европы и Азии. Здесь живут такие народы, как лапландцы, иннуиты (эскимосы) и гренландцы. Антарктида также покрыта вечными льдами. Там нет никаких населенных пунктов, лишь научно-исследовательские станции.

За полярным кругом живут белые медведи, тюлени, пингвины, косатки и киты.

Вселенная

Что такое звезда

Звезды, сияющие в ночном небе, – это сферические тела из раскаленного газа. Они излучают яркий свет, потому что их температура достигает 10 млн. градусов! Цвет звезд зависит от их величины и температуры. Самые большие из них одновременно и самые горячие; они излучают голубоватый свет, а маленькие звезды бывают белыми, желтыми, оранжевыми или красноватыми. Видимая яркость звезды зависит также от удаленности ее от Земли: чем ближе к нам звезда, тем ярче она нам кажется. Диаметр малых звезд – несколько тысяч километров, а у больших он достигает 3 млрд. км!

Миллиарды звезд

Ученые считают, что всего во Вселенной 200 млрд. звезд. С Земли мы можем видеть невооруженным глазом примерно 3 тыс. звезд с каждого из полушарий. Нам кажется, что все звезды одинаково удалены от нас, на самом же деле они находятся от Земли на разном расстоянии.

• КТО? КАК? КОГДА? •

Как измеряют расстояния в космосе?

Расстояния в космосе огромны, и для их измерения используют особую единицу – световой год. Он равен пути, который свет проходит за год, – это 9460 млрд. км. Попробуй вычислить диаметр Млечного Пути (100 тыс. световых лет) в километрах, и ты получишь... бесконечно длинное число!

С·А·М·Ы·Е - С·А·М·Ы·Е

- Самая близкая к нам звезда – Проксима Центавра, она находится от Земли на расстоянии 4,3 светового года.
- Самая большая звезда – Бетельгейзе, она удалена от нас на 520 световых лет. Диаметр этого сверхгиганта почти в 400 раз больше, чем у Солнца.
- Самая яркая звезда, которую мы видим с Земли, – это Сириус А, что значит «сияющая». Она находится от нашей планеты на расстоянии 8,6 светового года.

Туманности

Туманности – это облака из пыли и газа, в которых могут рождаться звезды; некоторые туманности состоят из остатков потухших звезд. Одни туманности светятся, потому что в них много горячих ярких звезд, а другие – темные и безжизненные.

Как рождается звезда

Жизнь звезды начинается в центре туманности: газ и пыль сжимаются и образуют ядро, которое становится все более плотным и горячим. Когда температура в ядре достигнет примерно 10 млн. градусов, оно вспыхивает, и звезда начинает светить. Светит она миллиарды лет – пока в ней не выгорит весь водород, ее основное «горючее».

Самые большие звезды (сверхгиганты) сгорают очень быстро и в конце жизни взрываются – в это время их называют сверхновыми. Звезда среднего размера, например какой-нибудь желтый карлик наподобие нашего Солнца, истратив весь водород, остывает, расширяется и превращается в красного гиганта. Затем ее ядро снова сжимается и становится менее горячим. Звезда превращается в остывающий белый карлик и наконец гаснет совсем.

Что такое галактика

Галактики — это гигантские скопления звезд, газа и пыли, удерживаемых вместе силой притяжения. Они вращаются вокруг центральной точки. Во Вселенной миллиарды галактик, и каждая может насчитывать от одного до десятков миллиардов звезд. Они имеют разную форму. В эллиптических галактиках находятся в основном старые звезды, они, как правило, очень большие и яркие.
У спиральных галактик есть длинные рукава, отходящие от центрального ядра. В них много молодых звезд, а также рождаются новые звезды. Неправильные галактики не имеют определенной формы, обычно они невелики и состоят из газа и пыли.

Множество галактик

Галактики располагаются не поодиночке, а группами, образуя скопления из сотен и тысяч галактик. Скопления, в свою очередь, объединяются в сверхскопления, состоящие из... сотен скоплений!

• Что? Как? Когда? •

Что такое черная дыра?

Взрыв крупной звезды может привести к образованию черной дыры — небесного тела с огромной силой гравитации, втягивающего в себя все, что оказывается поблизости, в том числе и свет. Поэтому черную дыру невозможно увидеть даже в сверхмощный телескоп.

Пересеченные спиральные галактики

Ядра многих спиральных галактик пересекает звездная полоса, концы которой выступают как рукава. Такие галактики называют пересеченными спиральными.

Квазары

Квазары — это ядра совсем удаленных молодых галактик, испускающие очень мощное радиоизлучение. Они выглядят, как звезды, и согласно некоторым теориям имеют в центре черную дыру.

Ц•И•Ф•Р•Ы

• Млечный Путь, как и все галактики, медленно вращается вокруг собственной оси, совершая полный оборот за 230 млн. лет.

• Самые близкие к нам галактики — Большое и Малое Магеллановы Облака. Они меньше, чем Млечный Путь, но их можно увидеть невооруженным глазом в небе Южного полушария.

• Самая удаленная от нас галактика, которую можно увидеть невооруженным глазом, — Андромеда. Свет от нее идет до Земли 2 млн. лет, то есть мы видим ее такой, какой она была 2 млн. лет назад.

• Диаметр Млечного Пути — примерно 100 тыс. световых лет.

Что такое Млечный Путь

Это наша галактика. Она названа так потому, что представляется невооруженному глазу в виде молочно-белого шлейфа. Млечный Путь — спиральная галактика. Солнце, Земля и другие планеты находятся в одном из ее рукавов, Орионе, на расстоянии 33 тыс. световых лет от центра галактики. Все, что мы видим в небе невооруженным глазом, относится к нашей галактике. Исключение составляют лишь три пятна — это другие галактики.

Что такое комета

Кометы – это небольшие космические тела, состоящие из льда, пыли и камней. Они обращаются вокруг Солнца по сильно вытянутым эллиптическим орбитам. Когда комета проходит вблизи Солнца, лед с ее поверхности начинает испаряться, и у нее образуется светящаяся газовая голова, а под действием солнечного ветра вырастает хвост длиной до 1 млн. км. Этот хвост всегда развернут от Солнца. Голова и хвост кометы видны потому, что они рассеивают солнечный свет. По мере удаления кометы от Солнца хвост укорачивается, а затем и вовсе исчезает.

• КАК? КОГДА? ПОЧЕМУ? •

Когда в последний раз в небе над Землей появлялась комета?

У самых крупных комет длинные вытянутые орбиты. Чтобы совершить по такой орбите полный оборот, нужны тысячи, а иногда миллионы лет, поэтому появление кометы вблизи нашей планеты – это целое событие. Комета Галлея – единственная комета, которая возвращается к нам каждые 76 лет. В последний раз она посетила нас в 1986 г.

Что такое падающие звезды

Падающие звезды – это отколовшиеся от комет мелкие частицы горных пород. Попадая на большой скорости в атмосферу Земли, они сгорают и оставляют в темном небе светящийся след.

Двойной хвост

Оказывается, хвост у комет двойной, одна его часть прямая и состоит из газов, а другая, изогнутая и широкая, — из частичек пыли.

С·А·М·Ы·Е - С·А·М·Ы·Е

- Самый крупный метеорит нашли в Африке в 1920 г. Он весит около 60 т, а его размер 2,7×2,4 м.
- Самый знаменитый метеоритный кратер — Аризонский (США), его называют также кратером Каньон-Дьябло. Его диаметр 1300 м, а глубина 183 м. Предполагаемый возраст кратера примерно 25 тыс. лет.

Солнце «съедает» кометы

Проходя вблизи Солнца, комета теряет в сутки 1 см толщины своей оболочки. Любой комете со временем суждено исчезнуть.

Научное название падающей звезды — метеор. В августе Земля проходит сквозь метеорный поток, и мы можем наблюдать множество падающих звезд. Отдельные крупные метеоры не сгорают в атмосфере и падают на Землю: в этом случае их называют метеоритами. Особо крупные метеориты образуют на ее поверхности огромные кратеры.

Что такое созвездие

Созвездия – это группы звезд, образующих в небе условные фигуры. С древнейших времен люди использовали их для ориентирования. Всего насчитывают 88 созвездий. Те, о которых известно с древних времен, носят имена животных или мифологических героев, а более поздние – названия геометрических фигур или измерительных приборов (компас, секстант, треугольник и т. д.). Поскольку Земля постоянно движется, положение созвездий на небосклоне меняется в зависимости от часов и времен года. Кроме того, в Северном полушарии видны одни созвездия, а в Южном – другие. Поэтому для разных времен года и часовых поясов составлены разные карты звездного неба.

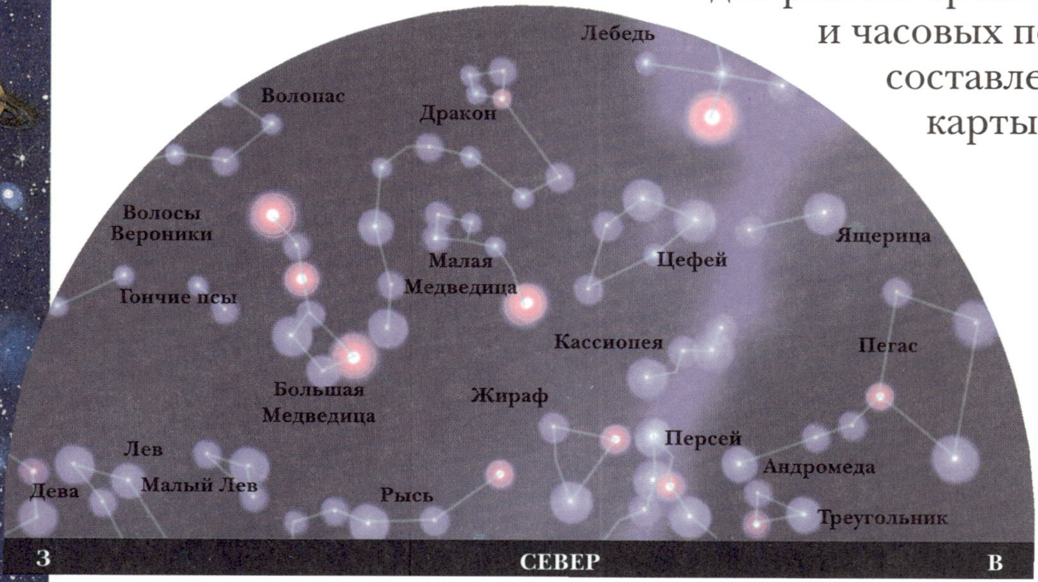

Полярная звезда

В созвездии Малой Медведицы находится Полярная звезда, которая с давних пор помогала путешественникам ориентироваться на суше и на море в Северном полушарии.

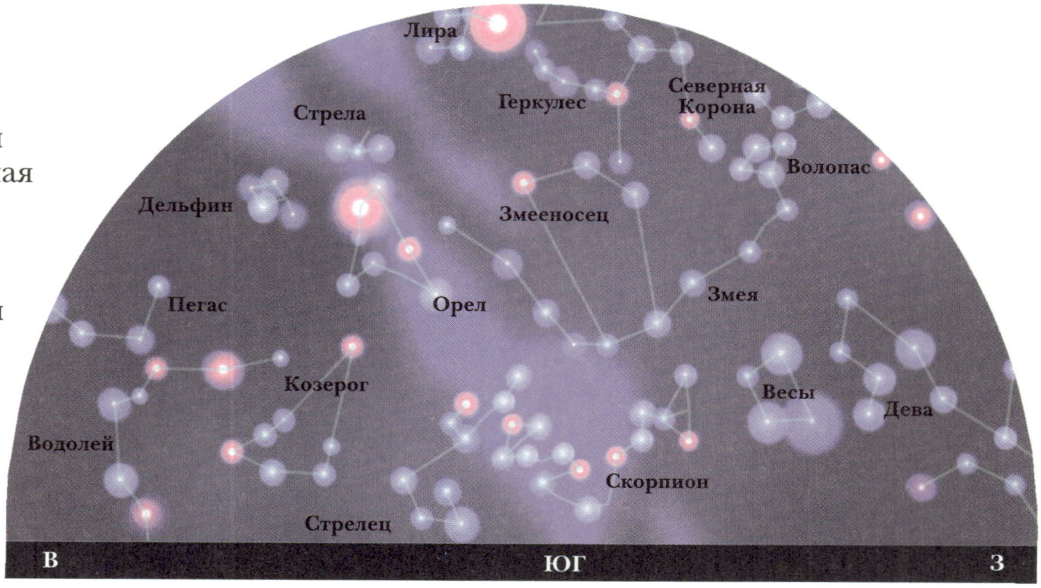

В·И·К·Т·О·Р·И·Н·А

1) *Край карты звездного неба соответствует:*

❒ меридиану ❒ экватору Земли ❒ линии горизонта

2) *Альдебаран – это звезда из созвездия:*

❒ Льва ❒ Близнецов ❒ Тельца

3) *Самая яркая звезда – Сириус – находится в... полушарии:*

❒ Северном ❒ Южном

4) *Первые астрономы были:*

❒ египтянами ❒ ассиро-вавилонянами ❒ греками

Ответы:
1) экватору Земли; 2) Тельца; 3)в Южном; 4) ассиро-вавилоняне.

Что такое зодиак

Зодиак – это воображаемый круг небесной сферы, по которому Солнце в своем видимом движении следует в течение года. Зодиак разделен на 12 равных секторов по 30 градусов. Каждый сектор содержит одно из двенадцати зодиакальных созвездий – по числу знаков зодиака. Вот эти знаки: Овен, Телец, Близнецы, Рак, Лев, Дева, Весы, Скорпион, Стрелец, Козерог, Водолей и Рыбы. В течение месяца Солнце находится в одном из этих знаков.

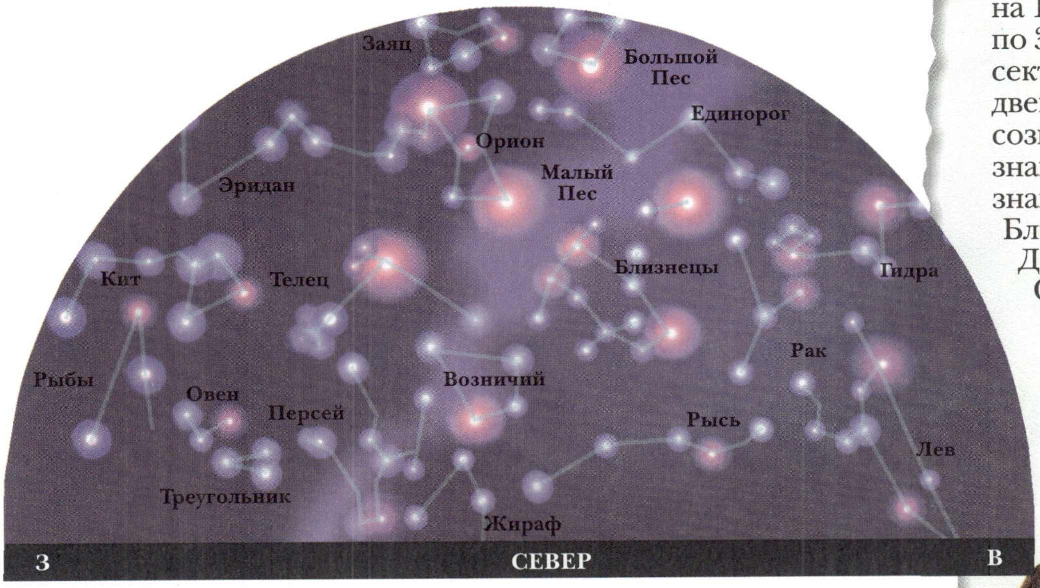

Южный Крест

В Южном полушарии ориентируются по созвездию Южного Креста. Точно на юг оно не указывает, но было выбрано ориентиром за особую яркость его звезд: Акрукса и Мимозы.

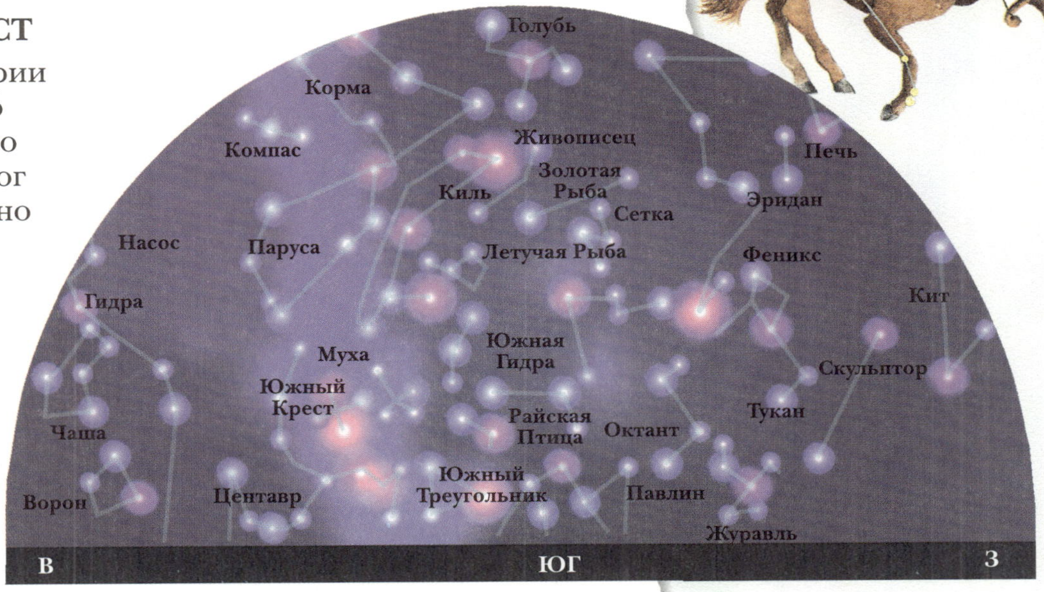

Что такое Солнце

Солнце – это звезда, гигантский шар из раскаленных газов, в центре которого при температуре около 15 000 000 °С протекают ядерные реакции с выделением огромного количества энергии. Лишь малая часть этой энергии достигает Земли, но ее достаточно для существования жизни на нашей планете. Солнце – центр Солнечной системы, частью которой является и Земля. Оно находится от нас на расстоянии примерно 150 млн. км. Чтобы представить себе размеры Солнца, вообрази, что оно способно вместить в себя 1,5 млн. таких планет, как Земля.

Возраст Солнца

По сравнению с другими звездами возраст Солнца невелик. Оно образовалось около 5 млрд. лет назад и еще примерно столько же лет будет светить.

• КАК? КОГДА? ПОЧЕМУ? •

Какова скорость света?

Свет распространяется со скоростью 300 тыс. км/с. Расстояние между Солнцем и Землей равно примерно 150 млн. км, следовательно, этот путь свет проходит за 8,5 минуты.

Щит Земли

Атмосфера – это газовая оболочка, окружающая Землю. Она защищает нашу планету от губительного солнечного излучения, пропуская лишь безвредные лучи.

В·И·К·Т·О·Р·И·Н·А

1) ***Во сколько раз диаметр Солнца больше диаметра Земли?***

❒ 50 ❒ 109 ❒ 240

2) ***Солнце – это тело...***

❒ жидкое ❒ газообразное ❒ твердое

3) ***Сколько оборотов совершило Солнце в галактике с момента своего рождения?***

❒ 15 ❒ 20 ❒ 23

Ответы: 1) *109*; 2) *газообразное*; 3) *23*.

Почему Солнце всходит и заходит

Нам кажется, что Солнце движется по небу от восхода до заката. На самом деле это Земля вращается вокруг собственной оси и вокруг Солнца.

Что происходит внутри Солнца

Солнце находится в середине своего жизненного пути. Как и другие звезды, оно светит потому, что содержащийся в его ядре водород сгорает и превращается в гелий. В результате этих реакций высвобождается огромное количество энергии в виде света и тепла. Она устремляется к поверхности Солнца, но достигает ее лишь через 200 тыс. лет! Вырывающиеся из солнечных глубин раскаленные газы клубятся над поверхностью звезды, и свет от них распространяется на многие миллионы километров вокруг.

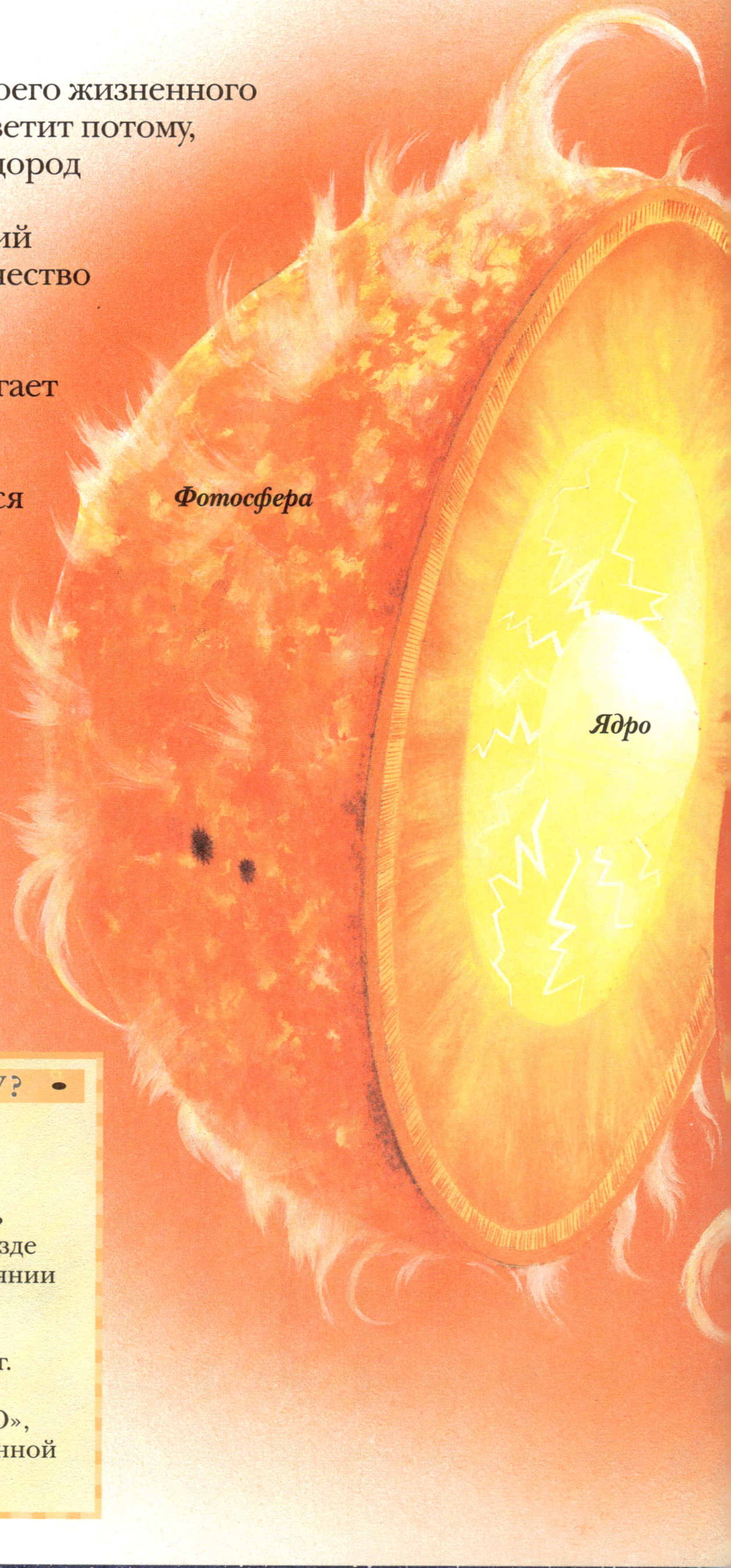

Вращение Солнца

Солнце вращается вокруг своей оси. Оно представляет собой газообразное тело, поэтому разные его части вращаются с разными скоростями. Так, экваториальные области совершают полный оборот за 25 суток, а полярные – примерно за 30.

• Как? Когда? Почему? •

Можно ли исследовать Солнце?

Температура поверхности Солнца примерно 6000 °С, поэтому проводить исследования непосредственно на звезде невозможно. Наблюдать же на расстоянии можно лишь фотосферу, так как составляющие ее газы не позволяют проникнуть в глубинные слои. С 1996 г. за Солнцем ведет круглосуточное наблюдение космический зонд «СОХО», который передает на Землю много ценной информации об этой звезде.

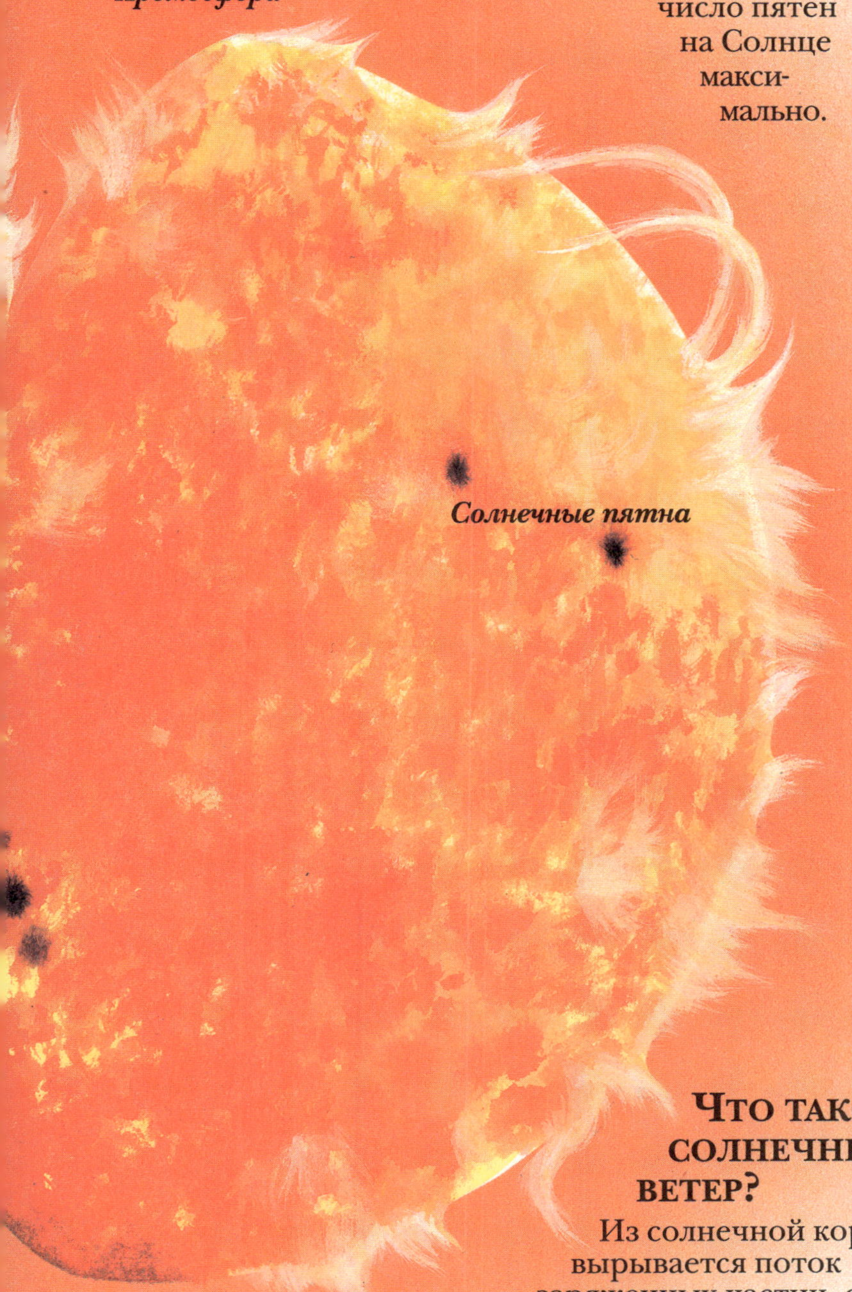

Циклы солнечной активности

Активность Солнца периодически меняется: цикличность этого процесса составляет примерно 11 лет. На пике активности число пятен на Солнце максимально.

Ц•И•Ф•Р•Ы

Температурные показатели Солнца

- Ядро – примерно 15 000 000 °С. Здесь водород превращается в гелий с выделением огромного количества тепла и света.
- Хромосфера – от 8000 до 20 000 °С. Это слой раскаленного газа, составляющего внутреннюю атмосферу Солнца.
- Фотосфера – примерно 5700 °С. Видимая поверхность.
- Корона – более 1 000 000 °С. Это внешняя атмосфера Солнца. Ее видно во время затмений. Она простирается на миллионы километров, здесь рождается солнечный ветер.
- Солнечные пятна – 4500 °С. Это темные области фотосферы, имеющие более низкую температуру.
- Протуберанцы – более 10 000 °С. Это выбросы газа на высоту до сотен тысяч километров.

Способы передачи энергии

Зона конвекции – это слой, в котором пузыри раскаленного газа, интенсивно циркулируя, передают энергию к поверхности Солнца. В зоне радиации энергия передается от ядра к вышележащим слоям.

Что такое солнечный ветер?

Из солнечной короны вырывается поток заряженных частиц, создавая магнитные поля и образуя солнечный ветер, который распространяется по всей Солнечной системе. Солнечный ветер разворачивает хвосты комет и вызывает северное сияние.

Что такое Солнечная система

Вокруг Солнца, обладающего огромной силой тяготения, движутся по круговым орбитам девять планет (в том числе Земля) с 68 спутниками, мириады астероидов, метеоритов и комет, а также огромное количество пыли и газа. Планеты – это сферические тела, они светятся отраженным солнечным светом, у некоторых из них есть спутники. Астероиды представляют собой небольшие каменистые тела. Их орбита проходит между орбитами Марса и Юпитера. Они образуют плоский диск диаметром 12 млрд. км – Пояс астероидов.

• КАК? КОГДА? ПОЧЕМУ? •

Как появилась Вселенная?

Согласно наиболее распространенной теории Вселенная образовалась в результате так называемого Большого взрыва, который произошел 15 млрд. лет назад. С этого момента началось расширение Вселенной, которое продолжается и по сей день. Об этом свидетельствует постоянное отдаление галактик друг от друга. Из материи, которая понемногу охлаждалась, образовались планеты, звезды и галактики.

Направление вращения

Все планеты движутся вокруг Солнца против часовой стрелки и все они, кроме Венеры, вращаются вокруг собственной оси в том же направлении. Венера же вращается в обратную сторону.

П•Р•О•В•Е•Д•И О•П•Ы•Т

Возьми фломастер и нарисуй на надувном шарике несколько «галактик» разной формы. Когда шарик высохнет, начни его надувать – и ты увидишь, как «галактики» разбегаются. Чем больше шарик раздувается, тем дальше убегают они друг от друга. То же самое происходит и во Вселенной. Это одна из моделей, предложенных учеными для иллюстрации расширения Вселенной.

Как образовалась Солнечная система

Более 5 млрд. лет назад гигантское облако из космических пыли и газа начало сжиматься и стремительно закручиваться вокруг оси. В центре этого «вихря» образовалось уплотнение, из которого и сформировалась наша звезда – Солнце. Вдали от центра частицы продолжали вращаться и слипаться друг с другом, образуя все более крупные сгустки – будущие планеты. Из самых мелких сгустков сформировался Пояс астероидов.

Форма орбит

Все планеты Солнечной системы обращаются вокруг Солнца в одном направлении по эллиптическим орбитам, то есть орбитам, имеющим форму сплюснутого круга.

Почему планеты такие разные

Все девять планет Солнечной системы образовались примерно в одно и то же время, однако они во многом отличаются друг от друга. Это связано с различиями в расстоянии планет от Солнца и в силе солнечной гравитации в период формирования Солнечной системы. Меркурий, Венера, Земля и Марс – это относительно небольшие, так называемые внутренние планеты. Они состоят в основном из горных пород и металлов. Юпитер, Сатурн, Уран и Нептун – «газовые гиганты» – гораздо крупнее и находятся дальше от Солнца. У них есть небольшое твердое ядро, окруженное плотными слоями из жидкостей и газов. Вокруг «газовых гигантов» обращаются многочисленные спутники. Самая далекая от Солнца – маленькая обледенелая планета Плутон. Некоторые ученые полагают, что это даже не планета, а комета.

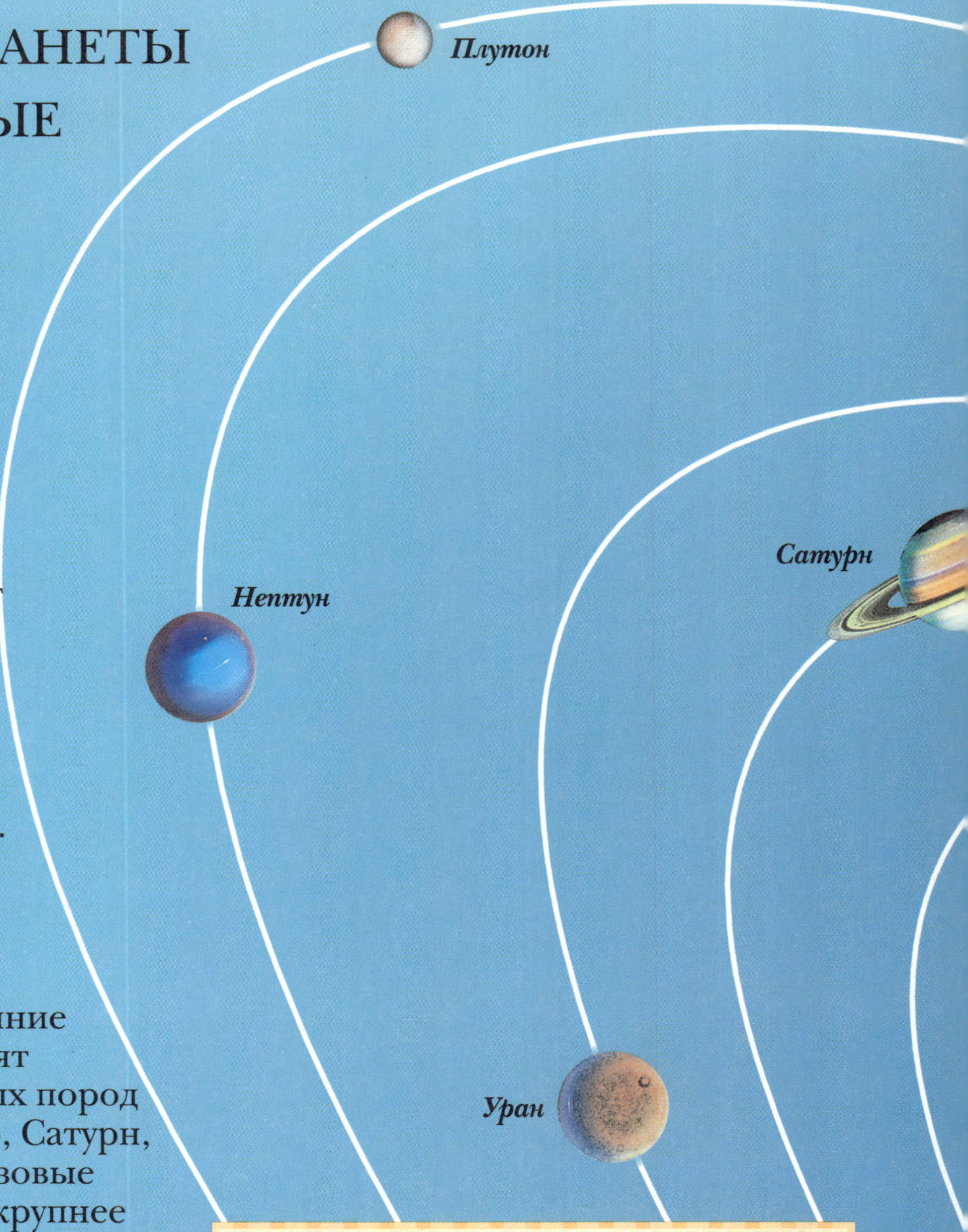

• КАК? КОГДА? ПОЧЕМУ? •

Могут ли астероиды упасть на Землю?

Некоторые астероиды проходят очень близко от нашей планеты и даже могли бы столкнуться с ней, если бы не специальная «служба космической безопасности». Ее сотрудники следят за приближающимися к Земле астероидами и могут изменить их траекторию, если есть опасность столкновения с Землей.

В·И·К·Т·О·Р·И·Н·А

1) *Сколько колец у Юпитера?*

❐ 1 ❐ 16 ❐ Ни одного

2) *Какая планета самая маленькая?*

❐ Плутон ❐ Меркурий ❐ Нептун

3) *У какой планеты есть ледяная шапка?*

❐ У Марса ❐ У Юпитера ❐ У Урана

4) *У какой планеты нет спутников?*

❐ У Венеры ❐ У Меркурия ❐ У Сатурна

5) *Какая планета вращается вокруг своей оси по часовой стрелке?*

❐ Земля ❐ Нептун ❐ Венера

Ответы:
1) *16; 2) Плутон; 3) У Марса; 4) У Меркурия; 5) Венера.*

Цифры

Юпитер — самая большая планета Солнечной системы. По объему она в 1300 раз больше Земли.

Меркурий — самая близкая к Солнцу планета, у нее и самая большая орбитальная скорость. Один оборот вокруг Солнца она совершает за 88 земных суток.

Сатурн окружен множеством колец. На этой планете очень короткие сутки, которые длятся чуть дольше 10 часов. Кроме того, у Сатурна самое большое число спутников — 18.

Плутон — самая маленькая, самая холодная и самая удаленная от Солнца планета. Ее орбита наклонена и вытянута. Один оборот вокруг Солнца она совершает за 248 лет.

Венера — самая яркая планета, так как ее окружают облака, хорошо отражающие солнечный свет. В отличие от других планет, она вращается вокруг своей оси по часовой стрелке. Температура на ее поверхности достигает 460 °С.

Марс удален от Солнца примерно на 225 млн. км. Его поверхность покрыта оксидом железа (ржавчиной), поэтому он кажется нам красным.

Уран. Ось его вращения почти параллельна плоскости орбиты, поэтому создается впечатление, что планета катится по ней. У Урана 15 спутников.

Земля движется вокруг Солнца со скоростью 29,8 км/с. По мнению ученых, это единственная планета, на которой есть вода и существует жизнь.

Нептун — ярко-голубая планета. Период его обращения вокруг Солнца равен 164 земным годам.

Что такое Луна

Луна – единственный спутник Земли и единственное небесное тело, на котором побывал человек. Она обращается вокруг нашей планеты и сопровождает ее в движении по орбите вокруг Солнца. Луна не светит сама по себе, а лишь отражает солнечные лучи. Ее кора состоит из горных пород и минералов. На Луне нет атмосферы, поэтому в течение миллионов лет метеориты беспрепятственно бомбардировали ее, оставляя на поверхности многочисленные кратеры.

Возраст Луны

Предполагаемый возраст Луны – 4,5 млрд. лет. Согласно наиболее популярной теории с Землей столкнулось крупное небесное тело, в результате чего в космос разлетелось множество осколков, из которых затем и образовалась Луна.

• Как? Когда? Почему? •

Почему Луна влияет на уровень воды в морях и океанах?

Приливы и отливы возникают под действием сил гравитации Луны и, в меньшей степени, Солнца. Луна, как большой магнит, притягивает воды Мирового океана, порождая высокую приливную волну (прилив). Другая высокая приливная волна вследствие вращения Земли формируется на обратной ее стороне. Это происходит дважды в сутки, примерно через каждые 12 часов 25 минут.

Ц•И•Ф•Р•Ы

- Среднее расстояние от Земли до Луны — 384 600 км. Орбита Луны имеет форму эллипса, поэтому она находится то ближе к Земле, то дальше.
- Диаметр Луны в четыре раза меньше диаметра Земли и равен 3475,6 км.
- Средняя температура на Луне колеблется от +100 °С днем до –150 °С ночью.
- На видимой стороне Луны могла бы поместиться вся Европа.

Лунные моря

Еще во времена первых наблюдений за Луной с помощью подзорной трубы астрономы обнаружили на ее поверхности темные области, которые они назвали морями. В действительности это обширные равнины, образованные застывшей лавой на дне гигантских метеоритных кратеров.

Ганимед

Каллисто

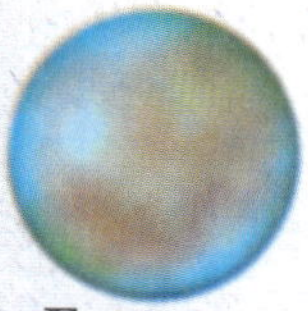

Европа

Титан

Ио

Существуют ли другие луны

Планеты Солнечной системы имеют разное количество естественных спутников, или лун. У Марса их 2, у Юпитера – 16, у Сатурна – 18, у Урана – 15, у Нептуна – 8, у Плутона – 1.

Самые крупные спутники Юпитера – Ганимед, Каллисто, Ио и Европа. Их открыл в 1610 г. Галилео Галилей.

Ученые предполагают, что на Европе (спутнике Юпитера) есть вода в жидком виде.

Вокруг Марса обращаются две маленькие луны – 16 и 28 км в диаметре.

Один из спутников Сатурна – Титан – второй по величине спутник в Солнечной системе. На Титане есть атмосфера, состоящая из азота и метана, и ученые полагают, что там могут существовать примитивные формы жизни.

Единственный спутник Плутона, Херон, лишь вдвое меньше своего «хозяина».

Миранда

Миранда – это спутник Урана. Вся его поверхность изрыта кратерами и каньонами.

Тритон – самый крупный спутник Нептуна; это самое холодное тело во всей Солнечной системе.

Почему Луна не всегда круглая

Луна светится потому, что отражает солнечные лучи. Она обращается вокруг Земли и вместе с ней – вокруг Солнца, поэтому видимая часть ее освещенной поверхности меняется – от полного диска до тонкого серпа, в зависимости от взаимного расположения Солнца, Луны и Земли. В новолуние мы совсем не видим Луны, потому что она обращена к нам своей затемненной стороной. Затем на небе появляется тонкий серп, он растет и превращается в полумесяц. Когда Луна находится позади Земли (не попадая в ее тень), виден полный диск – наступает полнолуние. Затем все идет в обратном порядке. Когда Луна находится между полнолунием и новолунием, ее называют ущербной.

• ЧТО? КАК? КОГДА? •

Что такое затмение?

Иногда в своем движении вокруг Солнца планеты отбрасывают друг на друга тень. Когда Луна оказывается между Солнцем и Землей, она частично или полностью закрывает Солнце. Тень от нее падает на Землю, и тогда наступает солнечное затмение. Во время полного затмения небо темнеет, а от Солнца остается одна корона, которую можно увидеть через специальные фильтры.

Лунное затмение происходит, когда Луна попадает в тень Земли. Однако Луна не исчезает, а приобретает красноватый оттенок, потому что на нее попадают рассеянные в атмосфере Земли солнечные лучи.

Лунный серп

Если серп Луны развернут горбом вправо и его можно превратить в букву «Р», приставив к кончикам «рогов» вертикальную палочку, значит, Луна «Р»астет. Если же серп имеет форму буквы «С», то Луна «С»тареет.

П·Р·О·В·Е·Д·И О·П·Ы·Т

Чтобы понять, как происходит вращение Луны, возьми куклу (она будет Землей) и машинку (она будет Луной).

1) Посади куклу на стол, возьми машинку и провези ее вокруг куклы по кругу. Если бы ты оказался на месте куклы, то видел бы все время только одну сторону машинки.

2) А теперь убери куклу и снова провези машинку по кругу, но наблюдай за ней так, чтобы твои глаза находились на уровне стола. Машинка совершила полный оборот вокруг своей оси, а ты увидел все ее стороны.

Лунный месяц

Период между двумя новолуниями называется лунным месяцем. Он длится около 29,5 суток.

Почему нам видна только одна сторона Луны

Луна обращается вокруг Земли в направлении против часовой стрелки, совершая полный оборот за 27,3 дня. Столько же времени ей нужно, чтобы обернуться вокруг собственной оси. Именно поэтому Луна всегда обращена к нам одной стороной, и нам кажется, что она не вращается вовсе. Но попытайся понаблюдать за Луной как бы со стороны.

Желтым цветом окрашена сторона Луны, обращенная к Земле. Совершив полный оборот вокруг Земли, Луна совершила также полный оборот вокруг собственной оси.

Сколько раз человек побывал на Луне

Первыми на поверхность Луны ступили в июле 1969 г. американские космонавты Нил Армстронг и Эдвин Олдрин.
Этот полет они совершили на космическом корабле «Аполлон-11». Вскоре были осуществлены еще пять экспедиций на Луну, последняя из которых состоялась на корабле «Аполлон-17» в декабре 1972 г. Всего на Луне побывали двенадцать космонавтов.

Третий лишний

Во время работы Армстронга и Олдрина на Луне третий космонавт – Майкл Коллинз – находился на окололунной орбите в командном модуле космического корабля.

• Как? Когда? Почему? •

Почему человек перемещается по Луне прыжками?

Вес любого тела зависит от силы гравитации. На Луне эта сила в шесть раз меньше, чем на Земле, ровно во столько же меньше и вес человека. Так, если на Земле он весит 60 кг, то на Луне – всего 10. Того мышечного усилия, которое мы развиваем при ходьбе на Земле, на Луне хватает на хороший прыжок.

Как был устроен «Аполлон-11»

«Аполлон-11» состоял из трех модулей: служебного (SM), командного (CM) и лунного (LTM). Лунный модуль, предназначенный для посадки на Луну, был оборудован специальными «ногами», которые после завершения экспедиции отстыковали и оставили на Луне.

В·И·К·Т·О·Р·И·Н·А

1) *Во время экспедиции на каком космическом корабле человек дольше всего находился на Луне?*

❐ «Аполлон-13» ❐ «Аполлон-17» ❐ «Аполлон-11»

2) *«Аполлон-11» совершил посадку...*

❐ в Море Спокойствия

❐ в Море Дождей

❐ в Океане Бурь

3) *Первые снимки обратной стороны Луны были сделаны...*

❐ в 1959 г. советским космическим зондом «Луна-3»

❐ в 1969 г. американским космическим кораблем «Аполлон-11»

❐ в 1968 г. американским космическим кораблем «Аполлон-8»

4) *Лунный модуль «Аполлона-11» назывался:*

❐ «Орел» ❐ «Колумбия» ❐ «Лунный разведчик»

Ответы:

1) *«Аполлон-17» – 22 ч 5 мин;* 2) *в Море Спокойствия;* 3) *в 1959 г. советским космическим зондом «Луна-3»;* 4) *«Орел».*

Следы человека

На Луне не бывает ни ветров, ни дождей, поэтому отпечатки следов космонавтов навсегда останутся на лунной поверхности.

Космический корабль «Аполлон» был выведен на лунную орбиту с помощью трехступенчатой ракеты «Сатурн-5», которая после запуска корабля отделилась и сгорела в атмосфере Земли. Возвращаясь на Землю, командный модуль отделился от двигателей и совершил благополучную посадку.

Они были первыми

4 октября 1957 г. на околоземную орбиту был выведен советский искусственный спутник. Это был первый в мире космический аппарат, сумевший преодолеть силу земного притяжения. В 1961 г. в космосе побывал первый человек – советский космонавт Юрий Гагарин. На корабле «Восток-1» он один раз облетел вокруг Земли. Полет длился 1 ч 29 мин, а летел корабль со скоростью примерно 28 тыс. км/с.

Первый виток вокруг Земли

Первый космический аппарат совершил оборот вокруг нашей планеты за 1 ч 35 мин. Он собрал много ценной информации об атмосфере Земли.

Первое живое существо в космосе

3 ноября 1957 г. на околоземную орбиту был выведен второй искусственный спутник. На его борту находилась собака по кличке Лайка. Ее отправили в полет для того, чтобы изучить поведение живого организма в условиях космоса.

Второй искусственный спутник Земли

• КТО? КАК? КОГДА? •

Кто была первая женщина-космонавт?

Валентина Терешкова из СССР стала первой женщиной-космонавтом. В 1963 г. она совершила полет на космическом корабле «Восток-6» и за двое суток облетела вокруг Земли 48 раз.

Ц•И•Ф•Р•Ы

События, которые предшествовали высадке человека на Луну:

- 1957–1958 гг. – Полет в космос первых искусственных спутников и первого живого существа – собаки по кличке Лайка.
- 1959 г. – К Луне отправлены первые беспилотные советские космические зонды – «Луна-1», «Луна-2», «Луна-3».
- 1961 г. – Первый полет человека в космос. Юрий Гагарин впервые в истории человечества облетел вокруг Земли на космическом корабле «Восток-1».
- 1962 г. – Второй полет человека в космос. Американский астронавт Джон Гленн совершил три витка вокруг Земли на космическом корабле «Меркурий-6».
- 1965 г. – Алексей Леонов впервые в истории человечества вышел в открытый космос во время полета на двухместном космическом корабле «Восход-2».
- 1966 г. – Первое беспилотное прилунение советского космического зонда «Луна-9».
- 1968 г. – Первый полет вокруг Луны американского пилотируемого космического корабля «Аполлон-8».
- 1969 г. – Первые люди на Луне – члены экипажа американского корабля «Аполлон-11».

Как преодолеть силу земного притяжения

Для того чтобы космический корабль мог выйти на околоземную орбиту, у него должен быть мощный двигатель, сила тяги которого больше, чем сила земного притяжения. Таким двигателем служит ракета-носитель.

Какие планеты человек уже обследовал

Луна – это пока единственное небесное тело, на которое ступала нога человека. Все другие космические объекты исследовали при помощи зондов – управляемых с Земли беспилотных летательных аппаратов. Зонды способны преодолевать большие расстояния и достигать самых отдаленных уголков Солнечной системы. Они передают на Землю изображения небесных тел, данные об их химическом составе и физических свойствах. Некоторые зонды совершали посадку на поверхность исследуемых планет и их спутников: например, советский зонд «Венера» достиг поверхности планеты Венера, а с борта американских зондов «Викинг-1» и «Викинг-2» на Марс опустились посадочные модули. В 1997 г. американский зонд «Пасфайндер» доставил на Марс мини-вездеход «Соджернер».
Многочисленные зонды, находящиеся сейчас в космосе, передают на Землю детальные изображения планет Солнечной системы.

Космический зонд «Пионер-10»

Как с помощью гравитации управляют космическими зондами

Топлива на космических зондах не так уж много, поэтому двигатели малой тяги, которые изменяют траекторию полета, стараются включать как можно реже. А для управления полетом используют силу гравитации планет, мимо которых пролетает зонд. Притягивая зонд, они изменяют траекторию его полета и скорость.

• Как? Когда? Почему? •

Способны ли зонды выйти за пределы Солнечной системы?

Американский зонд «Пионер-10», запущенный в 1972 г., пересек орбиту Нептуна и отправился за пределы Солнечной системы в сторону ближайшей к нам звезды – Проксимы Центавра. Зонд приблизится к ней через 26 тыс. лет. Космический зонд «Вояджер-1», пролетев вблизи Сатурна, направляется теперь к далеким звездам. В 1998 г. он побил рекорд «Пионера-10» и стал наиболее удалившимся от Земли аппаратом. Сейчас он находится от нас на расстоянии около 10,4 млрд. км.

Можно ли будет жить на Луне

Освоение Луны позволило бы использовать полезные ископаемые, которыми богаты ее недра, создать там научные лаборатории, построить космодромы, обсерватории. Проекты освоения Луны уже предлагают различные решения проблемы производства продуктов питания, электроэнергии, защиты от солнечной радиации, перепадов температур и преодоления невесомости. Неясным остается только одно: где взять воду? Впрочем, в 1996 г. зонд «Клементина» передал на Землю информацию о том, что у полюсов Луны есть водород, и эту информацию два года спустя подтвердил зонд «Проспектор». По расчетам ученых, основанных на этих данных, на Луне может находиться до 300 млн. т. воды в виде льда. Это открытие вновь оживило идею создания лунных городов.

Каким будет лунный город

В лунном городе предполагают построить лаборатории, склады, площадки для посадки и взлета космических кораблей. Электрическую энергию и тепло можно будет получать при помощи солнечных батарей. Один из проектов лунного города (Escargot City 2050) предлагает возводить здания в форме улитки (escargot – по-французски «улитка»).

Одежда для космоса

Специальный скафандр, который надевают космонавты, выходя в открытый космос, обеспечивает их кислородом, защищает от холода и позволяет выполнять различные работы вне космической станции. Для защиты от холода скафандр оборудован системой трубочек, по которой циркулирует подогреваемая жидкость; крошечные радиаторы греют каждый палец в перчатке. Если нужно, космонавт может подсоединиться к кораблю и пополнить запасы кислорода. Спереди на скафандре есть контейнер с инструментами – все они на тросиках, чтобы не улетели в космос. К скафандру герметично крепится шлем, не мешающий космонавту поворачивать голову. Для защиты от солнечной радиации шлем снабжен защитным светофильтром.

Работая с дистанционно управляемым механическим манипулятором перед экраном монитора, космонавт надевает зафиксированные на корпусе корабля сапоги. Это помогает ему устоять на месте.

Ц•И•Ф•Р•Ы

- Скафандр космонавта для выхода в открытый космос весит около 50 кг.
- Шлем космонавта весит 4 кг.
- Дистанционно управляемый механический манипулятор в грузовом отсеке «Шаттла» используется для монтажа космической станции, грузовых и ремонтных работ. Он состоит из трех колен и может перемещаться во всех направлениях. Длина манипулятора – примерно 17 м.
- Пилотируемый маневренный модуль (ПММ) весит примерно 100 кг. Он оснащен аккумуляторами, системами терморегуляции, кислородными баллонами.

Как космонавты перемещаются в открытом космосе

В открытом космосе космонавты перемещаются, сидя в особом кресле – пилотируемом маневренном модуле (ПММ). В его подлокотники вмонтированы 24 кнопки управления.

Пилотируемый маневренный модуль (ПММ) крепится на спине космонавта. Тягу создают выбрасываемые из сопел струи азота.

Что такое космический челнок

До конца 1970-х гг. полеты в космос совершались только на кораблях одноразового использования. Их основная часть сгорала в атмосфере Земли, а приземлялась лишь капсула с космонавтами. Затем возникла идея создания космических челноков, которые могли бы выполнять не один, а целую серию полетов и предназначались бы для транспортировки и вывода на орбиту искусственных спутников, для перевозки лабораторий и модулей космических станций. Современный «Шаттл» состоит из крылатой орбитальной ступени, которая выходит на орбиту, а затем возвращается на Землю, двух ракет-ускорителей многоразового использования и наружного топливного бака. Кроме того, он оснащен двигателями малой тяги; они позволяют маневрировать кораблем в полете и при возвращении на Землю.

Ц·И·Ф·Р·Ы

- Длина грузового отсека космического челнока – 18 м, а ширина – 4 м.
- «Шаттл» может вывести на орбиту около 30 т груза и доставить обратно около 15 т.
- В 1986 г. десятый запуск челнока «Челленджер» закончился катастрофой. На 73-й секунде полета из-за неполадок в одной из ракет-ускорителей космический корабль взорвался. Семь членов экипажа погибли. Запуски космических челноков были прекращены на два года.
- В 1988 г. в Советском Союзе был создан космический челнок «Буран».

Полет космического челнока

Во время запуска ракета-носитель с космическим кораблем находится в вертикальном положении, и запуск производится за счет тяги основного двигателя и двигателей-бустеров. На высоте около 70 км бустеры отстыковываются. На высоте 100 км отделяется наружный топливный бак, который затем сгорает в атмосфере. С помощью маневрового двигателя корректируется орбитальное движение челнока и его скорость.

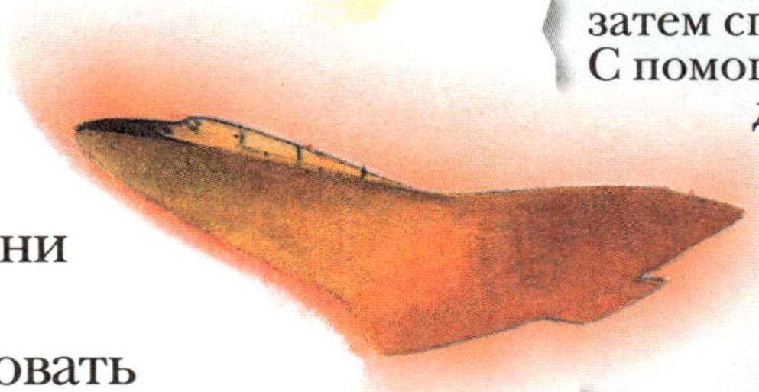

Для возвращения на Землю челнок разворачивается и включает главные двигатели, чтобы сойти с орбиты. При входе в плотные слои атмосферы челнок сильно разогревается, температура его корпуса достигает 1500 °С. Во время посадки челнок планирует, приземляется и тормозит при помощи парашютов.

Можно ли жить в космосе

Недавно на орбиту была выведена уникальная космическая станция, над созданием которой многие годы трудились конструкторы США, России, стран Европы, Канады и Японии. На ее борту планируется создать шесть лабораторий, в которых будут работать ученые всего мира. Экипаж и ученые пройдут серьезную подготовку, а во время пребывания в космосе за ними будет вестись постоянный медицинский контроль. Это еще одна попытка освоения космоса – создание условий, при которых человек в невесомости сможет жить и работать так же комфортно, как на Земле.

• КТО? КАК? КОГДА? •

Какие космические станции были запущены в космос?

В 1971 г. на орбиту была выведена советская космическая станция «Салют-1». До 1983 г. в космосе побывали еще шесть станций этого типа. В 1973 г. американцами была запущена орбитальная станция «Скайлэб-1». Ее последний экипаж вернулся на Землю в 1974 г. В июле 1979 г. станция разрушилась в атмосфере и упала на землю.
С 1986 по 2001 г. на орбите работала российская станция «Мир».

Человеческий организм и космос

Обследования космонавтов показали, что во время космических полетов мышцы человека ослабевают, а кости теряют кальций.

Жизнь на космической станции

На орбитальной станции все устроено так, чтобы космонавты не ощущали отсутствия гравитации.
В душевых кабинах стекающая вода засасывается снизу – иначе она просто разлетелась бы в разные стороны.
В лабораториях сделаны специальные

Ц•И•Ф•Р•Ы

• Длина Международной космической станции 108,5 м, а ширина – 88,4 м.

• На станции предполагается создать 6 лабораторий: 2 американские, 2 российские, 1 японскую и 1 европейскую.

• Экипаж будет состоять из 8 человек.

• Высота орбиты станции – 400–500 км

• Станция пробудет на орбите примерно 10 лет. Космонавты будут работать вахтенным методом – по 3–6 месяцев.

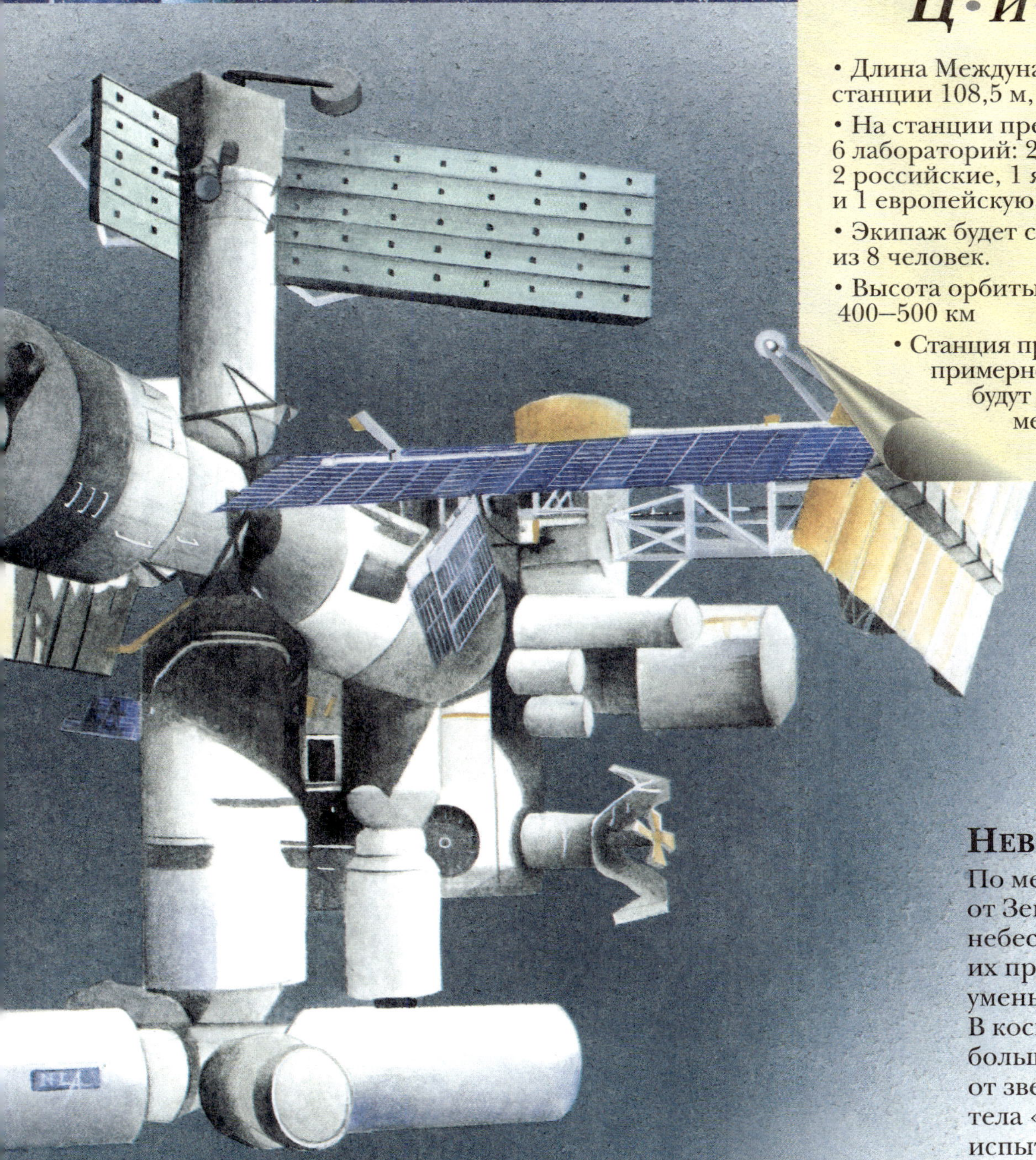

Невесомость

По мере удаления от Земли или других небесных тел сила их притяжения уменьшается. В космосе на большом расстоянии от звезд и планет тела «плавают», не испытывая силы гравитации.

скобы для ног, чтобы космонавты могли устоять на месте во время длительных экспериментов. Все продукты находятся в вакуумной упаковке или консервных банках, а пить можно только через трубочку, прикрепленную к упаковке. Спят космонавты в специальных легких спальных мешках, пристегнутых к кровати. В лабораториях проводятся опыты, которые можно поставить только в невесомости.

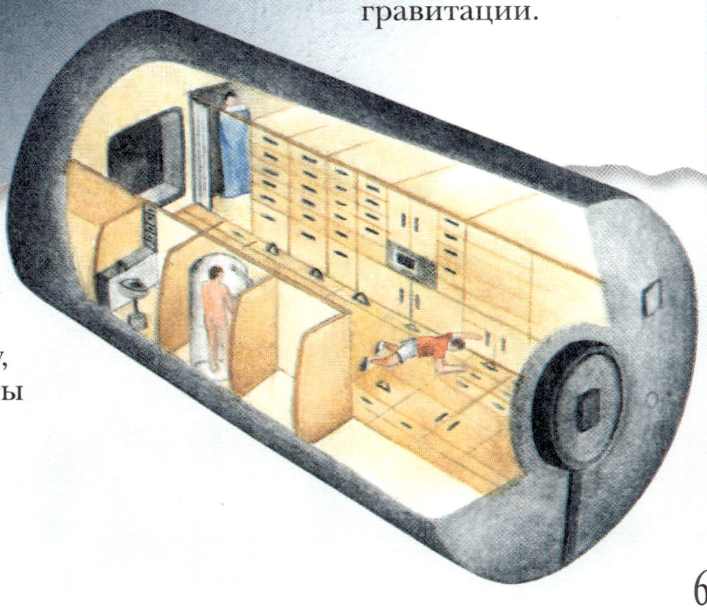

Для чего нужны искусственные спутники

В небе над нашей головой летает множество искусственных спутников. У каждого из них своя задача. Одни передают телевизионные и телефонные сигналы, другие — информацию о погодных условиях, третьи наблюдают за всем, что происходит на Земле. Спутники передают на Землю данные о состоянии нашей планеты и звездах, сообщают местонахождение судов и самолетов. Многие из них оборудованы солнечными батареями, которые улавливают солнечный свет и преобразуют его в энергию, необходимую для их же работы.

С·а·м·ы·е п·е·р·в·ы·е

- 1957 г. — Запущен первый в мире искусственный спутник Земли (СССР).
- 1958 г. — Выведен на орбиту первый американский искусственный спутник «Эксплорер-1».
- 1960 г. — Запущен первый метеорологический спутник «Тирос-1» (США).
- 1963 г. — Запущен первый спутник с ретранслятором «Синком-2» (США).
- 1964 г. — Запущен первый итальянский геофизический спутник «Сан-Марко».
- 1971 г. — Вокруг Марса облетел первый космический аппарат, американский «Маринар-9».

Почему спутники остаются на орбите

Брось мяч вверх изо всех сил — и он все равно упадет на землю, а не улетит в космос. Чтобы не упал на землю космический аппарат, ракета-носитель должна разогнать его до скорости не менее 27 тыс. км/ч. Только в этом случае он сможет преодолеть силу земного притяжения и выйти на околоземную орбиту. Там он и будет находиться, обращаясь вокруг Земли на постоянном расстоянии — в точности, как и естественный спутник — Луна.

Динозавры

Когда жили динозавры

Первые динозавры появились на земле около 225 млн. лет назад, когда наша планета существовала уже миллиарды лет. В то время континенты были единым материком. Динозавры произошли от архозавров – рептилий, очень похожих на современных крокодилов. У них были хорошо развиты задние конечности и длинный хвост. Динозавры царили на Земле 160 млн. лет и вымерли в конце мелового периода, около 65 млн. лет назад.

Происхождение названия

Название «динозавр» происходит от греческих слов deinos – «ужасный» и sauro – «ящер».

Жизнь на земле

По мнению ученых, Земле 4,5 млрд. лет, но первые формы жизни стали появляться 3 млрд. лет назад.

Рутиодон

Как? Когда? Почему?

На какие отряды подразделяются динозавры?

Изучая строение скелета динозавров, ученые разделили их на два отряда: ящеротазовые имели таз, как у современных ящериц, среди этих динозавров были как травоядные, так и плотоядные; у птицетазовых динозавров был таз, похожий на таз современных птиц, и среди них известны только травоядные.

Архозавры и крокодилы

Крокодилы – единственные животные из группы архозавров, которые выжили. Но у них, в отличие от известных нам архозавров, ноздри расположены по краям морды, а не у глаз.

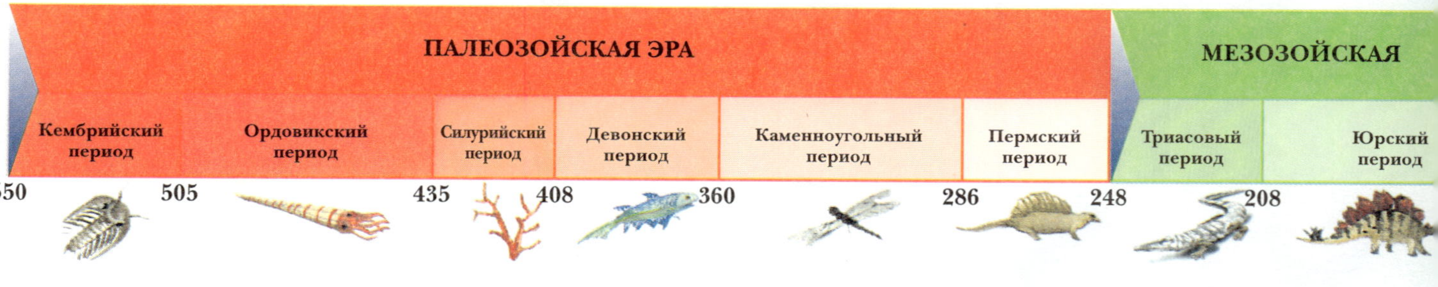

В·И·К·Т·О·Р·И·Н·А

1) ***Какие живые существа первыми появились на Земле?***
- ❒ рептилии
- ❒ бактерии и водоросли
- ❒ рыбы

2) ***Амфибии произошли...***
- ❒ раньше рыб
- ❒ от рыб
- ❒ от рептилий

3) ***Цветковые растения появились на Земле в...***
- ❒ триасовый период
- ❒ юрский период
- ❒ меловой период

4) ***Каких растений не было в триасовый период?***
- ❒ травянистых
- ❒ хвойных
- ❒ пальмовых

Ответы:
1) бактерии и водоросли; 2) от рыб; 3) в меловой; 4) травянистых.

Криолофозавр

Динозавры и рептилии

Динозавры отличались от других рептилий положением задних конечностей – не сбоку, как у крокодилов и ящериц (поэтому у них «вихляющая походка»), а прямо под корпусом: это позволяло им ходить и бегать в вертикальном положении.

История Земли

История Земли подразделяется учеными на эры и периоды.

- В палеозойскую эру появилось множество живых организмов.
- Мезозойская эра – время расцвета и вымирания динозавров. Она делится на три периода: триасовый, юрский и меловой.
- В кайнозойскую эру происходила эволюция человека.

Как выглядела Земля в триасовый период

Представь себе конец триасового периода, когда динозавры только что появились. Жаркий и сухой климат, расширяются пустыни, обширные влажные зоны вблизи рек и на океанском побережье покрыты папоротниками и хвощами. Вдали от водоемов растут хвойные леса, гингко и пальмы. Условия становятся такими, что гигантские амфибии постепенно исчезают, и везде — как на суше, так и в море — поселяются рептилии и беспозвоночные (насекомые, ракообразные и моллюски), составляющие важное звено в пищевой цепи. Появляются первые млекопитающие.

Истоки

Текодонты были самой широко распространенной группой рептилий. Они «взяли верх» над всеми остальными видами и стали прародителями птерозавров (летающих рептилий, название которых происходит от греческого слова pteron — «крыло»), динозавров и крокодилов.

Кюнеозавр — *летающая рептилия; он планировал с ветки на ветку, охотясь на насекомых.*

Первые известные млекопитающие достигали в длину 10 см. Опасаясь хищников, они охотились только по ночам. Протозух – предшественник крокодила, жил почти все время на суше.

• КАК? КОГДА? ПОЧЕМУ? •

Существовали ли птицы в триасовом периоде?

В триасовом периоде, кроме насекомых, умели летать только птерозавры, но они были рептилиями. Первой настоящей птицей был *археоптерикс*. Он появился в следующем периоде — юрском, а в течение мелового периода уже возникло множество других видов.

Ц•И•Ф•Р•Ы

- Хвойные деревья в триасовом периоде достигали 30 м в высоту, а их диаметр мог превышать 2 м.
- Амфибии в триасовом периоде были самых разных размеров: *микрофолис*, похожий на маленькую саламандру, был не более 20 см, а длина термоспондилов доходила до 5 м.
- Один из первых млекопитающих, *морганукодон*, не превышал 10 см.

Единый континент

В триасовом периоде, более 200 млн. лет назад, вся суша была еще единым континентом — Пангеей. Поэтому животные могли свободно мигрировать из одной зоны в другую.

Какими были первые динозавры

Платеозавр был травоядным динозавром с длинной и тонкой шеей. Он был самым крупным динозавром той эпохи: его длина достигала 10 м. На его передних лапах было по одному большому когтю, которыми он пользовался для того, чтобы достать слишком высоко расположенные ветви деревьев, или для защиты от врагов.

Прокомпсогнат был размером с большого индюка и очень быстро бегал; питался же он насекомыми, ящерицами и млекопитающими.

Целофизис — хищный динозавр, проворный и ловкий, достигал в длину около 5 м. Похоже, он был каннибалом и при случае поедал детенышей своего вида.

Сальтопус — один из самых мелких из когда-либо существовавших хищных динозавров, имел туловище длиной всего 60 см.

Что такое окаменелости

Каковы доказательства реального существования динозавров? Их история — равно как и более древняя история Земли — отпечаталась в окаменелостях. Так называют сохранившиеся в горных породах окаменевшие остатки древних растений и животных, а также скорлупы яиц. Они отвердевали в слоях грязи и песка в течение миллионов лет и наконец превратились в горную породу. Некоторые ископаемые сохранились в слоях льда и в смоле, ставшей янтарем. Исследуя окаменелости, ученые смогли восстановить долгую историю Земли, описать не существующие уже условия обитания и исчезнувшие формы жизни растительного и животного мира. По костям исследователи воссоздали форму и размер динозавров; по зубам многое узнали об их питании, а отпечатки следов поведали о походке и скорости передвижения этих древних животных.

• ЧТО? КАК? КОГДА? •

Что, кроме костей, может стать окаменелостью?

Отпечатки различных частей тела животного, например следы его ног или чешуйки кожи, тоже могут окаменеть. Иногда находят слепки костей, образующиеся после того, как вода вымывает из породы ткань костей и остается полость, которая заполняется минеральными веществами — так формируется слепок.

Палеонтология

Палеонтология — это наука, которая изучает ископаемые окаменевшие остатки живших когда-то организмов и по ним восстанавливает их внешний вид, структуру внутренних органов, образ жизни, ход эволюции и причины их исчезновения.

Как образуется окаменелость

Когда животное умирает, его останки пожирают гиены, шакалы, стервятники или же они разлагаются под воздействием насекомых и бактерий. Скелет животного разрушается под влиянием солнечных лучей, дождей и морозов и в конце концов становится частью почвы. Так случилось с динозаврами и другими доисторическими животными.

Ц•И•Ф•Р•Ы

• В конце XVIII в. в Голландии были найдены две гигантские челюсти. Они принадлежали водоплавающей рептилии эпохи мезозоя — *мозазавру.*

• Впервые останки морской рептилии — ихтиозавра — нашла в начале XIX в. одиннадцатилетняя девочка Мэри Эннинг.

• Находка в 1822 г. огромного зуба, напоминавшего зуб игуаны, позволила ученым предположить, что в доисторические времена существовала гигантская рептилия — *игуанодон.*

• В 1878 г. в Бельгии было найдено около 30 скелетов взрослых игуанодонов. Почти все они очень хорошо сохранились.

• В период между 1877 и 1890 г. было научно описано более 126 видов динозавров. В настоящее время выделено уже более 500 видов.

Копролиты

Копролиты — это окаменевшие экскременты животных, изучение которых помогло палеонтологам понять пищевые привычки доисторических животных.

Если тело животного лежит на дне моря, озера или болота, если оно погребено под толщей грязи, песка или вулканического пепла, то скелет, защищенный от воздействия воздуха, по прошествии миллионов лет превращается в горную породу.

Минеральные вещества заполняют пористые ткани костей или замещают их, превращаясь в камень. Через миллионы лет в результате подвижек земной коры или же вследствие эрозии окаменелость может вновь оказаться на поверхности земли.

Все ли динозавры были огромными

Не все динозавры были гигантами, самые древние из них достигали лишь 4 – 5 м в длину. Впоследствии появилось множество видов: одни были огромных размеров в высоту и длину, другие – средней величины, а третьи – не больше курицы. Зауроподы – группа травоядных, включавшая в себя *брахиозавра*, *апатозавра* (или *бронтозавра*), а также *диплодока* – самые высокие и тяжелые динозавры из когда-либо существовавших. У них были очень длинные шея и хвост, маленькая голова, а вес в 10 раз превышал вес слона.

У диплодока была семиметровая шея. Этот динозавр достигал 27 м в длину – столько же, сколько цепочка из семи автомобилей, поставленных в ряд.

• КАК? КОГДА? ПОЧЕМУ? •

Как родились названия динозавров?

Одни названия отражают внешний вид динозавра или какую-либо его особенность, другие – напоминают о месте, в котором были найдены кости животного, или же связаны с именем ученого, нашедшего эти останки. Вот некоторые примеры:
Название «*альбертозавр*» («ящер из Альберты») происходит от названия канадской провинции, в которой были найдены его останки.
Майязавр («ящер – добрая мать») – предполагается, что у них была способность заботиться о потомстве.
Арктозавр («арктический ящер») – его останки были найдены вблизи Северного полярного круга.
Фильгуротерий («животное-стрела») – считается, что это был отличный бегун.
Дейноних («ужасный коготь») – назван так за опасный коготь в виде крюка на втором пальце задних конечностей.

Какие динозавры были самыми мелкими

Одним из самых мелких динозавров был *компсогнат*, подвижный и ловкий хищник, вес которого составлял около 3 кг, а длина не превышала 80 см. Его передние конечности оканчивались тремя когтистыми пальцами.

Рост брахиозавра *был более 10 м (он спокойно мог бы глядеть поверх трехэтажного здания), а его длина – 23 м (это больше, чем железнодорожный вагон).*

С-А-М-Ы-Е - С-А-М-Ы-Е

- Самым крупным динозавром из группы тероподов был *тираннозавр рекс.*
- *Диплодок* отличался от других динозавров самым маленьким – относительно размеров туловища – мозгом.
- *Маменчизавр* мог гордиться своей самой длинной шеей: около 11 м.
- Самый длинный (11 м) хвост был у *диплодока.*

Компсогнат

Лесотозавр, ловкий и быстрый травоядный динозавр, был размером с собаку, то есть не длиннее метра. Передние конечности у него были очень короткие, а задние – длинные и тонкие.

Лесотозавр

Как динозавры передвигались

Медленные и быстрые... На двух или на четырех конечностях... Многообразие видов динозавров предполагает наличие такого же многообразия способов их передвижения. Ученые смогли восстановить их походки, исследуя окаменелые следы и кости конечностей. Так, большая берцовая кость и мускулистые бедра *велоцираптора* или же длинные изящные ноги *галлимима* свидетельствуют о том, что их хозяином был двуногий бегун. При необходимости умели бегать могучие *тираннозавры* и *аллозавры*: благодаря длинным и сильным задним конечностям они могли совершать короткие и быстрые пробежки. Огромные зауроподы или цератопсы, например *трицератопс*, передвигались медленнее. Четыре сильные конечности и широкие стопы гарантировали прочную опору их массивному туловищу.

Брахиозавр

Кто лезет на дерево...

Некоторые ученые предполагают, что наиболее ловкие и легкие динозавры могли залезать на деревья.

• КАК? КОГДА? ПОЧЕМУ? •

Как динозавры использовали свой хвост?

Длинный хвост для многих динозавров был удобным средством для поддержания равновесия, когда они бежали или стояли на задних конечностях. Похоже, что мускулистый хвост *игуанодона* служил ему опорой так же, как у нынешних кенгуру. *Дейноних*, ловкий и злобный хищник, умел держать хвост вытянутым назад и пользовался им как рулем во время быстрого бега зигзагом. Травоядные использовали хвост, в зависимости от его формы, как хлыст или дубину для защиты от хищников.

Туоджиангозавр

Ц•И•Ф•Р•Ы

• *Дромицейомим* был одним из самых быстрых динозавров, и, вероятно, его скорость могла достигать 65 км/ч.
• Похожий на страуса *галлимим* бегал со скоростью, как думают ученые, 56 км/ч – это скорость лошади в галопе.
• *Струтиомим* бегал со скоростью 50 км/ч.
• *Брахиозавр* был, по всей вероятности, самым медленным из динозавров, он перемещался со скоростью около 4–6 км/ч.
• Современный рекорд скорости среди наземных животных принадлежит гепарду, который на короткой дистанции развивает скорость до 96 км/ч.

Галлимим

...А КТО СПАСАЕТСЯ БЕГСТВОМ

Бег был единственным средством спасения для мелких травоядных – они просто убегали от хищников.

Дромицейомим

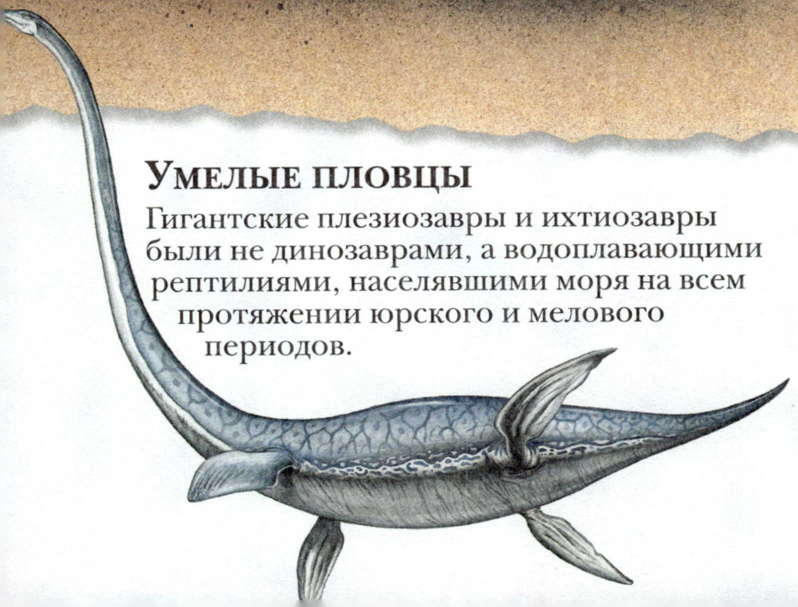

УМЕЛЫЕ ПЛОВЦЫ

Гигантские плезиозавры и ихтиозавры были не динозаврами, а водоплавающими рептилиями, населявшими моря на всем протяжении юрского и мелового периодов.

Ихтиозавры были быстрыми пловцами и походили на современных дельфинов: такое же изящное туловище и крупный хвост. Их передние конечности напоминали весла. Многочисленные ископаемые останки свидетельствуют о том, что, подобно дельфинам, они рождали уже сформировавшихся детенышей.
У плезиозавров обычно была длинная шея, маленькая голова и две пары длинных плавников – для передвижения в воде.

Существовали ли летающие динозавры

Динозавры были исключительно наземными животными и не умели летать. Однако в конце триасового периода от тех же предков динозавров появились летающие рептилии – птерозавры, что означает «крылатый ящер». Передние конечности птерозавра оканчивались тремя пальцами с когтями, а четвертый, очень длинный палец поддерживал крыло – широкую мембрану из кожи, соединенную с боковой частью туловища. Некоторые птерозавры использовали эти конечности для передвижения по земле.

Птеродактиль

Вымирание

К настоящему времени насчитывается около 120 видов известных нам птерозавров. Они исчезли одновременно с динозаврами.

• Кто? Как? Когда? •

Как выглядели птеродактили?

Птеродактили (название означает «палец-крыло») относились к группе птерозавров, но появились позднее других. Они были большего, чем прочие представители этого вида, размера, имели короткий хвост и удлиненные череп и шею.

Хвост

Хвост у птерозавров был гибкий, и они использовали его в качестве руля.

С·А·М·Ы·Е-С·А·М·Ы·Е

- Самыми крупными птерозаврами были *кецалькоатль* и *орнитохейр.* Оба имели размах крыльев около 12 м.
- Самым мелким считается *батрахогнат,* он был размером с ворона.
- *Птеранодон* («с крыльями и без зубов») имел размах крыльев 7 м и туловище, как у индюка.

Легкий скелет

Облегченный скелет птерозавров был приспособлен для полетов. Он состоял из тонких и по большей части полых костей. Ученые, однако, сомневаются в том, что эти огромные рептилии были в состоянии подняться в воздух. Похоже, они просто планировали с деревьев или утесов.

Чем питались птерозавры

Благодаря наблюдениям за формой челюстей и клюва ученые смогли выдвинуть гипотезу относительно диеты птерозавров. У *диморфодона* было два типа зубов: более крупные и заостренные (в передней части клюва) и более мелкие (сзади). С их помощью он ловил насекомых в воздухе и на земле.

У *птеродактиля* была узкая и длинная челюсть. Его острые зубы прекрасно хватали и удерживали скользкую добычу, например рыбу или червей.

Птеродаустро питался мелкими морскими животными. Его тонкие зубы, расположенные в нижней челюсти, работали, как сито: воду пропускали, а пищу удерживали. Размельчали ее уже другие, более мелкие зубы, расположенные в верхней челюсти.

Скафогнат питался рыбой, он нырял за ней в воду.

Как появлялись на свет детеныши

Детеныши динозавров появлялись на свет из яиц. В отличие от других рептилий, динозавры не оставляли яйца без присмотра после их откладывания. Они высиживали потомство, а затем ухаживали за детенышами. Изучение окаменелостей позволило ученым выявить существование мест гнездования, куда динозавры, объединившись в группы, отправлялись каждый год для откладывания яиц и вскармливания детенышей. Гнезда устраивались вблизи друг от друга так, чтобы удобно было защищать их от хищников. Некоторые из них были засыпаны песком и листьями, возможно, для того, чтобы яйца не охлаждались, пока родители удалялись в поисках пищи.
Яйца динозавров были маленькими по сравнению с размерами взрослого животного: например, яйцо гадрозавра было размером с человеческую ладонь.

Земляные кратеры

Гадрозавры, утконосые динозавры, строили просторные гнезда из земли, которые достигали 2 м в ширину и 1 м в глубину. Они напоминали кратеры вулканов.

• КТО? КАК? КОГДА? •

Какие из современных животных гнездятся группами?

Чайки, альбатросы и пингвины устраивают гнезда на расстоянии, равном длине птицы. Таким образом, гнезда сгруппированы и находятся под контролем нескольких взрослых особей, что позволяет другим родителям удаляться в поисках пищи. В то же время этого пространства вполне достаточно для того, чтобы взрослая птица могла сидеть на яйцах.

В-И-К-Т-О-Р-И-Н-А

1) ***Какой длины было самое большое яйцо динозавра, когда-либо обнаруженное учеными?***

❒ 30 см ❒ 15 см ❒ 1 м

2) ***Каким было самое большое число яиц динозавров, найденных в одном гнезде?***

❒ 10 ❒ 5 ❒ 30

3) ***Как выглядела яичная скорлупа у динозавров?***

❒ Толстая и шероховатая
❒ Твердая
и непроницаемая
❒ Тонкая

Ответы:
1) *30 см;* 2) *30;*
3) *твердая*
и непроницаемая.

Как выглядели детеныши динозавров

Новорожденные у крупных динозавров достигали в длину 30 см. Они не могли заботиться о себе сами, и родители кормили их в гнезде, пока те не подрастали. Находки ископаемых скелетов различной величины позволяют предположить, что в одной группе сосуществовали особи различных возрастов: новорожденные, молодняк и взрослые.

Во время миграций зауроподы оберегали своих детенышей от возможной опасности, окружая их в стаде со всех сторон. Так и сейчас поступают многие травоядные. Подобное поведение зауроподов подтверждают многочисленные окаменелые дорожки следов.

Ямки в песке

Самка *протоцератопса* откладывала яйца в ямках, вырытых в песке. Она располагала яйца по кругу и вертикально.

Чем питались динозавры

Многие динозавры были травоядными. Некоторые охотились на животных, а некоторые, подобно современным шакалам и стервятникам, питались падалью. Различные травоядные, несмотря на их многочисленность, ухитрялись мирно уживаться в одной и той же местности, так как добывали себе пищу по-разному. Цератопсы – они были небольшого роста – питались низкорослым кустарником. Гадрозавры, игуанодоны и зауроподы могли дотянуться до листьев деревьев благодаря длинной шее и умению вставать на задние конечности. В той же среде могли кормиться и различные виды плотоядных динозавров, поедая травоядных динозавров определенных видов.

Всеядные

Орнитомимы были всеядными, то есть могли питаться ящерицами, лягушками, мелкими млекопитающими, а также листьями и плодами.

Пищеварение травоядных динозавров

Травоядные с длинной шеей, возможно, имели сложную пищеварительную систему, а их желудок был в состоянии перерабатывать жесткие растения.

• Кто? Как? Когда? •

Правда ли, что некоторые травоядные глотали камни?

Некоторые травоядные, так же как и многие виды современных птиц, глотали мелкие камешки – это помогало им перетирать пищу в желудке.

Эустрептоспондилус *был хищником из семейства мегалозавров. На этой картинке он дочищает панцирь морской черепахи.*

В·И·К·Т·О·Р·И·Н·А

1) ***Сколько пищи требовалось в день гигантскому брахиозавру?***

❒ 1 ц ❒ 2 ц ❒ 1 т

2) ***При помощи скольких зубов эдмонтозавр перемалывал листья в кашицу?***

❒ 100 ❒ 1000 ❒ 50

3) ***Сколько типов зубов было у гетеродонтозавра («ящер с разными зубами»)?***

❒ 2 ❒ 3 ❒ 6

4) ***Какое определение не относится к галлимиму?***

❒ Быстрый бегун

❒ Хищник

❒ Четырехметровый динозавр

Ответы:
1) *1 т*; 2) *1000*; 3) *3*;
4) *хищник.*

Какие зубы были у динозавров

Зубы хищных динозавров были длинные, с пильчатыми краями, слегка загнутые внутрь, чтобы удерживать добычу. Они не были приспособлены для жевания, и поэтому дичь проглатывали большими кусками. Зубы травоядных были различной формы, в зависимости от пищевых привычек: для перетирания пищи, ее измельчения и, наконец, для перетаскивания корма с места на место.

Череп хищника

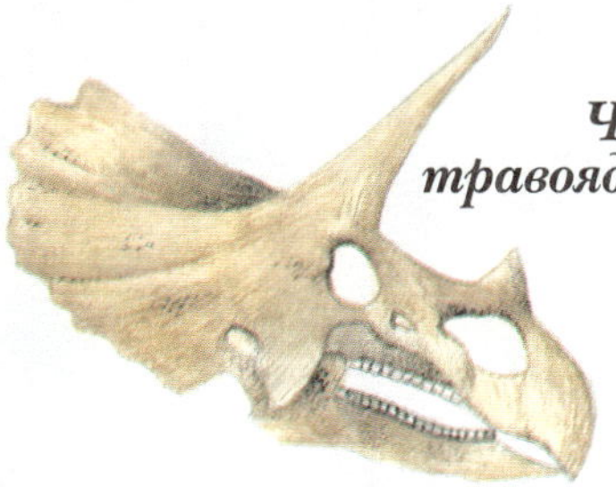

Череп травоядного

Как изменилась Земля в юрский период

В юрский период всегда теплый климат стал еще более влажным и увеличилось количество дождевых осадков. Земля покрылась густой растительностью: папоротники, хвойные, хвощи, цикадовые, гингко. Динозавры – травоядные и плотоядные – отличались друг от друга формой и размерами и занимали всю территорию суши. Некоторые рептилии обитали в воде и в воздухе, в морях еще жили плезиозавры и ихтиозавры, в небе летали крупные птерозавры. Уже появились птицы; первый найденный их представитель – археоптерикс. Число родов амфибий сократилось, но зато появились первые лягушки. Млекопитающие еще держатся в тени, опасаясь хищников, проявляя активность только в чащобах и ночью.

• КАК? КОГДА? ПОЧЕМУ? •

Когда распространились «бронированные» динозавры?

Существует два семейства «бронированных» динозавров: нодозавры, жившие в юрском периоде, и анкилозавры, которые широко распространились в меловой период. Нодозавры были травоядными и похожими на огромных броненосцев. Костный панцирь служил им защитой, а длинный хвост с шипами отпугивал хищников.

Эуплоцефал

Два континента

В течение юрского периода Пангея разделяется на два континента: Лавразию на севере и Гондвану на юге.

Ц•И•Ф•Р•Ы

- Юрский период – второй в мезозойской эре. Он длился около 60 млн. лет.
- У плезиозавра, морской рептилии, была длинная шея. У *еласмозавра* она достигала 13 м.
- *Метриоринх*, морской крокодил, был хищником. Его длина доходила до 3 м.
- Деревья гингко достигали 30 м, как десятиэтажный дом.

Насекомые

В юрский период появляются некоторые насекомые, дожившие до наших дней, например мухи, саранча и термиты.

Первая птица

Археоптерикс – это первая известная на Земле птица. Он был похож на динозавра, имел четыре конечности с когтями, длинный костный хвост и зубастый клюв. Но у него имелась уже одна чисто птичья особенность: покров из перьев.

Археоптерикс был размером с голубя и питался насекомыми. По мнению одних ученых, он не умел летать, а мог лишь перепархивать с места на место, другие же считают, что он забирался на деревья и затем свободно планировал вниз.

Археоптерикс

Для чего стегозавру нужны были пластины на спине

Стегозавр, крупный и мирный травоядный динозавр, имел одну характерную черту: вдоль хребта у него в два ряда располагались треугольные пластины.
По мнению ученых, эти пластины могли служить как для защиты от врагов, так и для регулирования температуры тела: под солнечными лучами они накапливали тепло, если же температура тела становилась слишком высокой, то достаточно было легкого ветра или тени – и те же пластины начинали это тепло отдавать.

Что значит слово «стегозавр»

Название «стегозавр» означает «ящер под крышей». Первые исследователи думали, что его спинные пластины располагались, как черепица на крыше: наклонно и немного внахлест. Впоследствии палеонтологи выдвинули гипотезу о том, что они располагались вертикально в два ряда, и эта позиция скорее отвечала их функции: регулировать температуру тела.

Как выглядел стегозавр

У *стегозавра* была маленькая голова и массивное тело. Зубы у него были некрепкие. Ученые предполагают, что они годились только для мягкой растительной пищи.

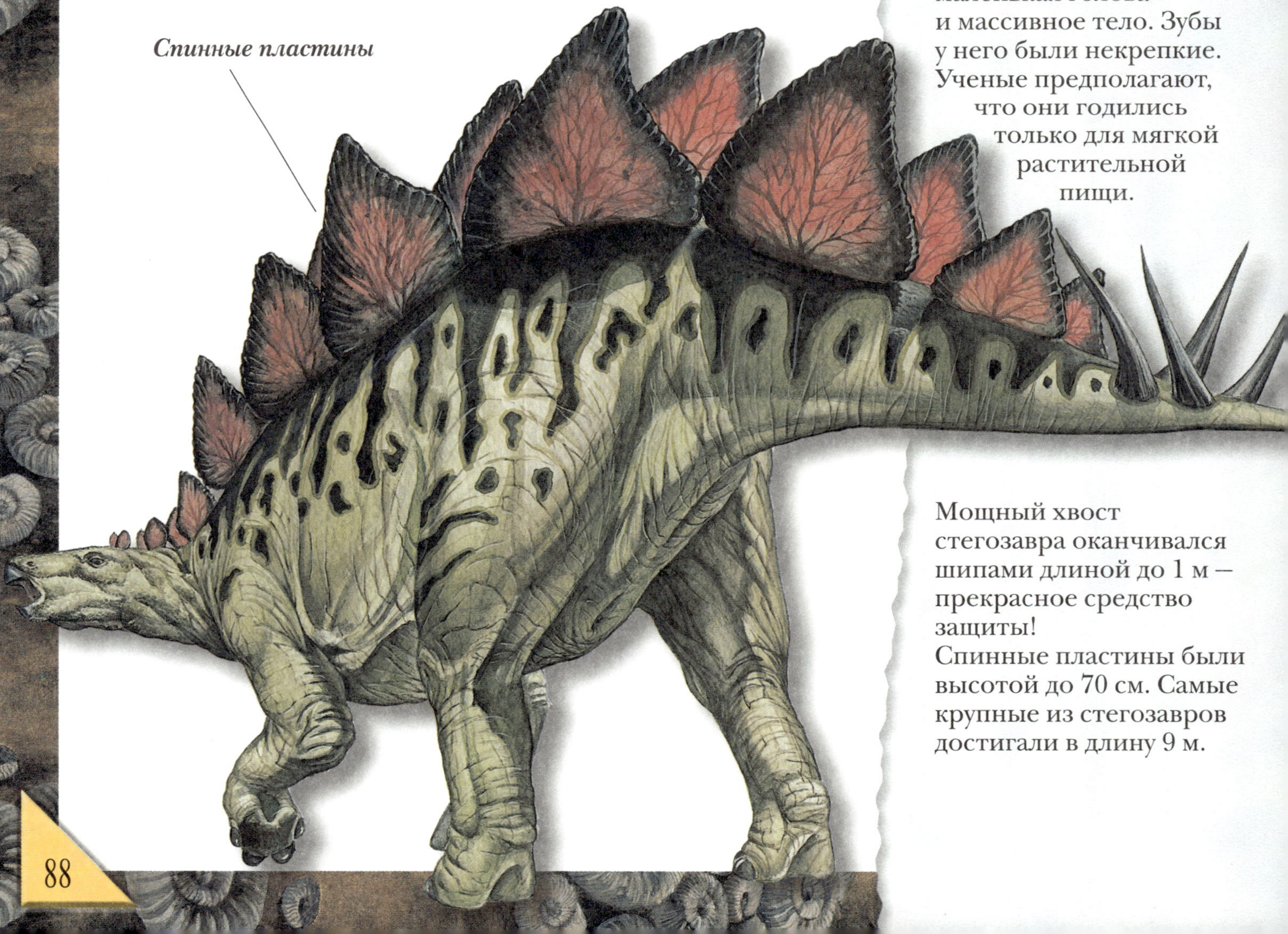

Мощный хвост стегозавра оканчивался шипами длиной до 1 м – прекрасное средство защиты!
Спинные пластины были высотой до 70 см. Самые крупные из стегозавров достигали в длину 9 м.

Как цератопсы использовали свои рога

Название «цератопс» означает «морда с рогами». Эти четвероногие травоядные обладали рогами разных видов, расположенными чуть выше глаз и на кончике носа. Такое устрашающее орудие защиты использовалось для того чтобы пронзать живот противника во время схватки, если одного их угрожающего вида было недостаточно для победы. Самцы использовали их в боях за лидерство или самку.

• КТО? КАК? КОГДА? •

Был ли у цератопсов клюв?

Еще одной характерной чертой этих травоядных был клюв, напоминающий клюв современного попугая. Прочный, как, например, садовые ножницы, он позволял им перекусывать самые твердые стебли и ветви растений.

Какие «воротники» носили цератопсы

Воротники – костные образования, покрытые кожей, спасали динозавров от укусов хищников и повреждений, причиняемых их когтями.

Огромный воротник *хасмозавра* закрывал его шею и плечи. Предполагают, что у него была яркая окраска – для привлечения самок.

Пентацератопс («морда с пятью рогами») был обладателем воротника, окаймленного маленькими шипами.

Стиракозавр имел мощный воротник с длинными шипами, расположенными веером.

Какие изменения произошли на Земле в меловой период

В меловой период, который начался 146 млн. лет назад и длился 80 млн. лет, континенты находились в положении, близком к современному. Климат по сравнению с юрским периодом стал более умеренным, начали различаться времена года. В этот период появились первые цветковые растения, а хвощи и цикадовые уступили место современным травам, кустарникам и лиственным деревьям (таким, как дуб, бук и клен).

Среди млекопитающих появились сумчатые, например опоссум. Получили большое распространение насекомые – опылители цветов и птицы. Динозавры достигли пика развития, после чего начался период их вымирания.

• КАК? КОГДА? ПОЧЕМУ? •

Почему цветковые растения широко распространились именно в меловой период?

Благодаря насекомым и птицам, переносившим пыльцу, цветковые растения получили широкое распространение. При этом травоядные животные – такие, как трицератопсы – сохраняли свою прежнюю «диету», уничтожая остальную растительность.

Ц·И·Ф·Р·Ы

Трицератопс

- Высота: 3 м
- Длина: 9 м
- Вес: 10 т
- Длина черепа: более 2 м

Когда жил трицератопс

Трицератопс («морда с тремя рогами») жил в меловой период, 65—70 млн. лет назад. У него было тяжелое, мускулистое тело, защищенное толстой и твердой кожей, и он прочно стоял на четырех мощных конечностях. Огромная голова с тремя рогами переходила в массивный защитный воротник. *Трицератопс* был мирным травоядным животным, однако, защищаясь, он мог легко пронзить противника рогами.

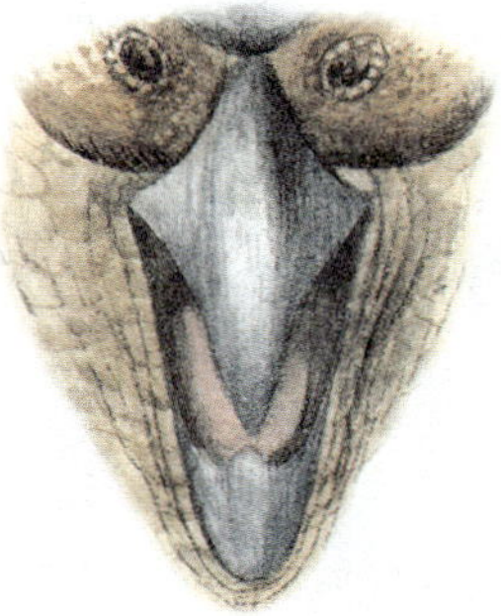

Клюв как у попугая

У *трицератопса* был очень характерный клюв — как у попугая. С его помощью он мог отламывать молодые побеги, срывать листья, перерезать ветви кустарников. Откушенное клювом он размельчал зубами, расположенными в его задней части.

Почему одного из тираннозавров назвали царем

Тираннозавр рекс (это название в переводе означает «царь-ящер, владыка») действительно был самым крупным из всех тираннозавров – могучих динозавров мелового периода – и одним из самых свирепых наземных хищников.
Его мощная голова держалась на короткой сильной шее. Исполинские задние конечности – выше человеческого роста – оканчивались пальцами с огромными когтями.
Передние же конечности были очень короткими: два пальца, также когтистые, служили для удержания добычи и для того, чтобы подниматься с земли после отдыха.
Тираннозавр рекс передвигался в вертикальном положении, балансируя мощным хвостом.
Он легко, в несколько прыжков, догонял добычу.
Самым страшным оружием этого животного были зубы: изогнутые, острые, с пильчатыми краями – они не оставляли жертве никакой надежды.

• КАК? КОГДА? ПОЧЕМУ? •

***Когда был найден* тираннозавр рекс?**

Первый полный скелет этого тираннозавра был найден в 1902 г. в США. Палеонтолог Г. Ф. Осборн, изучая эти и другие, чуть позже найденные части скелетов таких животных, впервые восстановил устрашающий облик гиганта и дал ему двойное имя: *тираннозавр рекс*. В 1924 г. ученые обнаружили несколько окаменелых отпечатков его трехпалых конечностей. По ним смогли определить примерный размах шага этого динозавра – 4 м.

Родственники тираннозавра

Альбертозавр был жестоким хищником: чтобы умертвить жертву, он перегрызал ей шею. Более мелкий и, вероятно, более подвижный, чем *тираннозавр*, он внезапно набрасывался на мирно пасшихся травоядных динозавров.

Ц·И·Ф·Р·Ы

Тираннозавр рекс

- Высота: 5—6 м
- Длина: до 12 м
- Вес: 6 т (больше, чем слон)
- Длина головы: 1,2 м
- Длина прыжка: почти 4 м

Тяжелый, но ловкий

Устройство скелета *тираннозавра рекса* позволяет предполагать у него огромный вес, но одновременно и определенное изящество движений. Его внутренние органы были прекрасно защищены многими парами ребер.

Стратегия охоты

По мнению многих ученых, *тираннозавр рекс* не охотился в одиночку. Вместе с другими животными этого вида, возможно, даже с самками, они устраивали совместные облавы на целые стада травоядных.

Алиорам

Альбертозавр

У *алиорама* была длинная и узкая голова со множеством костных шипов на носу и вблизи глаз. Охотясь, он, как и другие тираннозавры, затаивался, подкарауливая свою жертву.

Какие хищники были самыми свирепыми

Некоторые хищники мезозойской эры были безжалостными и свирепыми, несмотря на небольшой размер. *Велоцираптор* («быстрый хищник»), например, был высотой с ребенка и в длину – менее 2 м, но именно благодаря своей «изящной» комплекции он мог так быстро бегать, охотясь на млекопитающих и травоядных динозавров. Загнав жертву, он цеплял ее своим смертоносным когтем, а затем разрывал на куски острыми зубами. *Дейноних* («ужасный коготь»), которого природа наградила острым зрением, был трехметровой длины и ростом с человека. Он преследовал жертву на ловких и мускулистых задних конечностях, выпрямив хвост. Похоже, его скорость могла достигать 40 км/ч. На втором пальце каждой ноги у него был устрашающий подвижный коготь длиной 12 см – им он раздирал добычу.

• КАК? КОГДА? ПОЧЕМУ? •

***Как бегал* дейноних?**

На бегу ему приходилось держать свое оружие (когти) немного приподнятым, чтобы не повредить о землю.

Как они охотились

Как *велоцираптор*, так и *дейноних*, атакуя жертву, опирались на одну конечность, а другой разрывали жертву.

В·И·К·Т·О·Р·И·Н·А

Укажи хищника в каждой из следующих групп.

1) ❒ *Галлимим* ❒ *Целофизис* ❒ *Муссавр*
2) ❒ *Платеозавр* ❒ *Трицератопс* ❒ *Эораптор*
3) ❒ *Мегалозавр* ❒ *Игуанодон* ❒ *Стегоцерас*
4) ❒ *Апатозавр* ❒ *Камптозавр* ❒ *Троодон*

Ответы:
1) *целофизис;* 2) *эораптор;* 3) *мегалозавр;* 4) *троодон.*

Групповая охота

Можно предположить, что эти маленькие, но свирепые хищники могли, объединяясь в группы, убивать гораздо более крупных по сравнению с ними динозавров. Они заставали жертву врасплох, незаметно окружив ее.

Аллозавр

Был ли *аллозавр* хищником

Аллозавр тоже был свирепым хищником, однако и габариты имел значительные: весил более 1000 кг при росте 4,5 м и длине 12 м.

Его огромную пасть украшали 70 остроконечных зубов, а каждый из четырех пальцев ноги заканчивался крепким и острым когтем. Он передвигался широкими скачками с большой скоростью, что позволяло ему в несколько прыжков настигать жертву.

У КАКИХ ДИНОЗАВРОВ БЫЛ НА ГОЛОВЕ ГРЕБЕНЬ

Впечатляющие костные гребни различных размеров росли на головах многих гадрозавров – травоядных динозавров, живших в меловой период. О назначении этих шипов ученые давно и много спорят. Одни считают, что они служили для усиления разных звуковых сигналов, например сигналов опасности, опознавательных или во время брачного периода. По мнению же других, гребень помогал гадрозавру прокладывать себе путь в лесной чаще или служил для дыхания, а может, и как опознавательный знак среди себе подобных.

Как жили гадрозавры

Гадрозавры были многочисленной и разнообразной группой динозавров. Они распространились по всей планете. Обычно гадрозавры передвигались на четырех конечностях, но в минуты опасности могли бегать только на задних, вытянув хвост для равновесия. У них были хорошо развиты слух, зрение и обоняние, что позволяло им вовремя чувствовать опасность и убегать. Некоторые из них спасались от врага вплавь.

Предполагают, что гадрозавры жили и гнездились группами.

Паразауролоф

Ламбеозавр

Циньтаозавр

Коритозавр

• ЧТО? КАК? КОГДА? •

Что означает «гадрозавр»?

Название «гадрозавр» переводится как «ящер с утиным клювом». У него был плоский клюв без зубов, похожий на утиный. Однако в задней части пасти находилось очень много коренных зубов, пригодных для того, чтобы перетирать ими растения.

Был ли *стегоцерас* агрессивным

Стегоцерас был в общем-то мирным травоядным динозавром, он принадлежал к семейству пахицефалозавров – «толстолобых» ящеров. Как и у других представителей этой группы, у него на голове был толстый костный купол, защищавший верхнюю часть черепа. Эти динозавры, вероятно, яростно бились лбами с другими самцами за лидерство в стаде или за самку. В схватках с хищниками утолщенный череп тоже мог использоваться как средство нападения или защиты.

Ц·И·Ф·Р·Ы

Стегоцерас

- Рост: 1,5 м
- Длина: 2,5 м
- Толщина костного купола: 6 см
- Длина черепа: 25 см

Семейство пахицефалозавров

В него включены ящеры разного размера и с различными типами черепного купола. *Пахицефалозавр* был самым крупным в семействе (5 м в длину). Его черепной купол имел толщину 25 см и был окружен костными шипами.

Преноцефал достигал в длину 2,5 м. Его черепной нарост тоже был окаймлен костными шипами, похожими на шляпки гвоздей.

Гомалоцефал (длиной 3 м) вместо единого купола на голове имел два гребня по бокам черепа.

Почему динозавры исчезли

Несмотря на мягкий климат, обилие еды как для травоядных, так и для хищников, а также на прекрасную приспосабливаемость к среде, динозавры вымерли быстро и повсеместно 65 млн. лет назад. С ними вместе исчезли птерозавры, ихтиозавры, плезиозавры и аммониты.

По этому поводу существует множество гипотез. Согласно одной из последних, на Землю упал громадный метеорит и вызвал извержение вулканов, подводные землетрясения, ураганы и значительное повышение температуры воздуха. Атмосфера наполнилась пылью, которая мешала поступлению солнечного света и тепла на месяцы, а может быть, и годы. Это и привело к исчезновению многих форм растительной и животной жизни.

• КТО? КАК? КОГДА? •

Какие еще теории существуют на этот счет?

По мнению некоторых ученых, появление пылевых облаков было вызвано столкновением Земли не с метеоритом, а с кометой. Но комета, состоящая из льда и пыли, не могла обладать достаточной энергией, чтобы вызвать подобную катастрофу.

Другие ученые объясняют все необычайной активностью вулканов, что могло резко изменить климат. Выдвигается также гипотеза о том, что в этот период появилось много ядовитых растений или случилась эпидемия какой-нибудь страшной болезни.

Пищевая цепь

Огромное облако пыли окутало Землю и накрыло ее – это привело к гибели растений, а значит, и травоядных животных. Пищевая цепь была нарушена, и крупные хищники, оставшись без еды, вымерли.

Какие животные выжили

В этой катастрофе выжили наиболее приспосабливаемые животные: насекомые, птицы, амфибии, рептилии (крокодилы, ящерицы и змеи), а также млекопитающие, которые благодаря своему меху «расцвели» в новых климатических условиях и стали господствовать на Земле.

Какие животные произошли от динозавров

Несмотря на значительное сходство некоторых современных животных с динозаврами, лишь птицы могут считаться их полноправными потомками. Связующим звеном считают *археоптерикса*, жившего 150 млн. лет назад. Ученые находят много черт, объединяющих птиц с динозаврами: строение конечностей, чешуйки на ногах, а также способ размножения (яйцами). *Струтиомим*, *дейноних* и *компсогнат* считаются прямыми предками птиц, хотя по их внешнему виду этого никак не скажешь.

Кто был предшественником современных млекопитающих

После исчезновения динозавров мелкие млекопитающие, которые миллионы лет вели ночной образ жизни, начали развиваться и расселяться. От них и произошли современные млекопитающие. *Дидельфодон* был сумчатым животным, похожим на опоссума. *Протоунгулят*, с когтями, напоминающими копыта, жил на равнинах, где мог досыта питаться травой.

Дидельфодон

Протоунгулят

Эритротерий умел ловко лазить по деревьям и, как полагают, может считаться предком обезьян.

Эритротерий

• КТО? КАК? КОГДА? •

***Правда ли, что носорог происходит от* трицератопса?**

Носороги и цератопсы принадлежат к двум совершенно разным классам животных, хотя рог на лбу и строение тела делают их столь похожими друг на друга. Достаточно сказать, что носорог — это млекопитающее.

Животные

Сколько на свете животных

Позвоночные и беспозвоночные

По традиции ученые делят животных на две большие группы: позвоночные и беспозвоночные.

В мире насчитывается около 2 млн. ныне существующих видов животных. Все они питаются, выделяют отходы и размножаются. Их разнообразие поражает: губки, пчелы, змеи, слоны, бабочки, попугаи... Одни летают, другие ходят, третьи плавают, четвертые ползают или прыгают и т. д. Позвоночные, к которым относятся рыбы, рептилии, амфибии, млекопитающие и птицы, составляют всего лишь 1,1% от числа всех видов животных, а членистоногие — так называют насекомых, ракообразных и паукообразных — это самая многочисленная группа, которая включает более 1 млн. видов!

• КТО? КАК? КОГДА? •

Как классифицировать животных?

Вот пример классификации пумы.
Царство: животные
Тип: хордовые
Класс: млекопитающие
Отряд: хищники
Семейство: кошачьи
Род: кошка
Вид: пума

Губки, кораллы и актинии — растения или животные?

Большую часть своей жизни многие животные находятся в движении. Некоторые же морские животные проводят почти всю свою жизнь, прикрепившись к камню.
Актинии, которых можно принять за цветы, своими жгучими щупальцами жалят жертву, прежде чем заглотить. Может показаться, что они неподвижны, однако актинии очень медленно перемещаются по камню благодаря присоске в основании тела.

Ц•и•ф•р•ы

- Обнаружено около 9 тыс. видов птиц.
- Класс рептилий (в нем сегодня остались змеи, черепахи и крокодилы) состоит из более чем 6 тыс. видов.
- К классу амфибий, включающему около 4200 видов, относятся лягушки, жабы, тритоны и саламандры.
- Класс рыб насчитывает более 23 тыс. видов, различных по форме, цвету и размерам.
- Класс млекопитающих образуют более 4600 видов организмов: от большого слона до маленькой землеройки.

Типы животных

Выделяют около 35 крупных подразделений животного мира — типов. Вот несколько из них: хордовые (к ним относятся позвоночные), моллюски (устрицы, осьминоги), кишечнополостные (медузы), членистоногие (насекомые, пауки, скорпионы) и иглокожие (морские звезды и ежи).

Кораллы — едва видимые невооруженным глазом мягкотелые морские животные. Они выстраивают вокруг себя известковое убежище, из которого никогда не выходят, а чтобы достать добычу, высовывают наружу жгучие щупальца.

Морские и пресноводные губки тоже живут, прикрепившись к камням или раковинам раков-отшельников, фильтруя воду через свои многочисленные поры и отцеживая из нее съедобные частицы.

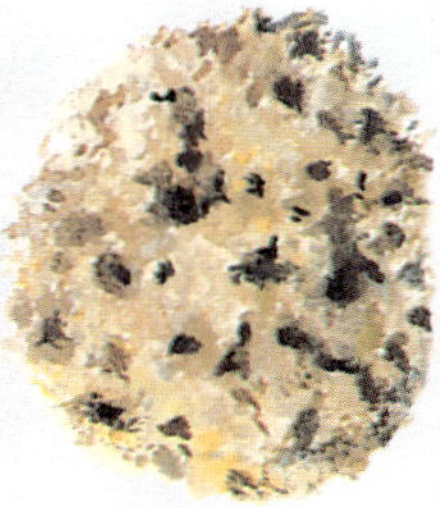

Какие животные самые крупные

Голубой кит, при длине 30 м и весе около 130 т (столько весят 20 слонов!), самый крупный из существующих сейчас животных.
Из наземных животных первенство по величине удерживает африканский слон – его высота 4 м, а вес – 7 т.
Самый крупный наземный хищник – бурый медведь: 3 м в длину и весом 750 кг.
Самыми большими змеями считаются сетчатый питон – за свою длину (до 10 м) и анаконда – за вес (более 10 кг).
Самая крупная рыба – китовая акула, ее длина 15 м, а вес – 18 т. Крупнейшим из ныне живущих беспозвоночных является гигантский кальмар, его длина – 18–20 м, а вес – 2 т.

Самая большая на Земле лягушка

Максимальная длина обычной лягушки, распространенной почти во всей Европе, – 9 см. Лягушка-голиаф, живущая в африканских лесах, имеет исполинские размеры: ее длина достигает 40 см. В Южной Америке живет еще одна крупная представительница этих животных – лягушка-бык, ее длина 20 см. Это прожорливый хищник, она питается более мелкими лягушками, змеями, дождевыми червями и насекомыми.

• Кто? Как? Когда? •

Какие животные самые высокие?

Благодаря своей длинной шее жираф превосходит по росту всех наземных животных: высота самца достигает 5,8 м. Самая высокая птица – это страус, ее рост почти 2,5 м.

Кто самое быстрое животное

Самым быстрым наземным животным является гепард. Он может развивать огромную скорость – 96 км/ч, но только на коротких дистанциях. Более высоких скоростей достигают лишь сокол-сапсан, который бросается на свою добычу со скоростью вихря – 200 км/ч, и белобрюхий стриж, который может лететь – даже на большие расстояния – со скоростью 160 км/ч. Рекордной скорости в воде достигает рыба-парусник – 100 км/ч.

Какое животное самое медленное

Медлительность улиток вошла в поговорку, хотя еще сильнее мог бы поразить воображение неторопливый ленивец – крупный травоядный зверь, обитающий в тропических лесах Центральной Америки. Он спит все дни напролет, цепляясь ногами за ветки дерева. Спускаясь на землю, он движется никак не быстрее 2,5 м в минуту.

• Кто? Как? Когда? •

Какую скорость может развивать собака?

Многих собак, выведенных для охоты, стали затем использовать на собачьих бегах. Грейхаунд может бежать со скоростью 64 км/ч, а веймаранер, которого тренировали для охоты на крупного зверя – волка или кабана, показывает скорость 56 км/ч.

Какие животные самые опасные

Самыми страшными для нас являются ядовитые животные. Некоторые из них выделяют сильнейший яд, способный убить человека. Например, многие виды мелких осьминогов, вполне безобидные на вид, укусив жертву, впрыскивают в рану яд, вызывающий паралич нервной системы и смерть. У скорпиона на кончике хвоста есть жало с ядовитой железой, которое он использует для того, чтобы обездвижить и умертвить добычу. На человека он нападает, лишь защищаясь. Укус самых крупных особей может через несколько часов привести к смерти. Жестокая боль, затрудненное дыхание, а иногда и смерть могут быть последствиями укуса самки самого опасного паука – каракурта (черной вдовы), отличительный признак которого – красные пятна на черном брюшке. Самая известная наземная змея – индийская кобра, ее укус

• Кто? Как? Когда? •

Какая окраска у кораллового аспида?

Крайне опасен и яд кораллового аспида – небольшой наземной змеи из Центральной и Южной Америки. Ее яркая окраска предупреждает об опасности столкновения с ней. Обычно она охотится на мелких позвоночных животных, но среди жертв много человеческих детей, которых привлекают яркие цвета ее кожи и небольшой размер. В Америке дети учат наизусть стишок, в котором говорится, как по сочетанию цветов отличить ядовитую коралловую змею от похожих на нее безобидных змеек.

Если с желтым видишь красный –
Пред тобою враг опасный,
Если с красным черный цвет –
Никакой тревоги нет.

П·Р·О·В·Е·Д·И О·П·Ы·Т

Нарисуй на круге из тонкого картона коралловую змею, свернувшуюся в клубок, и раскрась ее, как указано на рисунке. Вырежи ее по спирали, проделай в голове маленькое отверстие, продень в него нить и закрепи узлом. Прикрепи веревку к палочке, подержи ее над источником тепла (электроплиткой или батареей) – и ты увидишь, как змейка движется, вращаясь вокруг собственной оси.

Где они живут

Мелкие ядовитые осьминоги угрожают купальщикам вблизи Большого Барьерного рифа у берегов Австралии. Скорпионы распространены в жарких и сухих зонах, а каракурт (черная вдова) водится в жарких областях Америки и Азии.

Какие морские животные наиболее опасны для человека

Белая акула очень агрессивна и иногда нападает на человека. Обладая удивительно сильными челюстями и двойным рядом пильчатых зубов, она мгновенно разрывает даже крупную добычу, заглатывая ее почти целиком.

Рыба-камень получила свое название благодаря способности полностью сливаться с каменистым дном тропических морей. Она обитает на мелководье. Если человек случайно наступит на нее, рыба-камень распрямляет спинные шипы, снабженные железами со смертоносным ядом.

Как летают птицы

Благодаря мощным грудным мускулам птицы могут махать крыльями с необходимой силой и частотой и лететь. Толкая воздух вниз, они поднимаются; толкая его назад, они двигаются вперед. Когда крылья поднимаются, их перья пропускают воздух, а при движении вниз перья смыкаются, «опираясь» на воздух. Различная форма крыла определяет различные типы полета: широкие крылья орлов и стервятников позволяют им подниматься на значительную высоту и планировать на потоках воздуха; узкие и заостренные крылья ласточек приспособлены для быстрого и длительного полета, а широкие и закругленные крылья фазанов делают их полет быстрым, но недолгим. Некоторые птицы, например утки, для того, чтобы удержать свое тело в воздухе, должны непрестанно двигать крыльями. Другие, более мелкие птицы, чередуют гребной полет с парящим. Колибри с огромной частотой машет своими маленькими крыльями, и это позволяет ей зависать в воздухе и даже «давать задний ход».

Способы передвижения птиц

Полет – не единственный способ передвижения у птиц. В поисках пищи или укрываясь от опасности, они могут также ходить или прыгать, бегать или плыть.

• КТО? КАК? КОГДА? •

Все ли птицы летают?

Даже имея крылья, не все птицы могут летать. Страус, например, прекрасный бегун и спасается от хищников бегством. Бежать он может со скоростью 65 км/ч. Крылья пингвина – плавники, с их помощью он прекрасно плавает. Маленькие крылышки киви вообще не видны под ее перьями и пухом. А курица способна лишь перепархивать с жердочки на жердочку.

Особые приметы

Все птицы покрыты перьями, имеют два крыла и клюв без зубов. Обычно большая часть их задних конечностей покрыта чешуйками.

П·Р·О·В·Е·Д·И О·П·Ы·Т

Рассмотри рисунок внизу и срисуй на тонкую бумагу различные виды перьев. Затем раскрась их, вырежи и попробуй составить крыло, правильно расположив детали.

Как устроено птичье перо

Птичьи перья состоят из кератина, гибкого материала, входящего в состав бородок. Вместе они образуют единую поверхность. Друг к другу бородки крепятся мельчайшими крючками.

Ряд длинных маховых перьев образует плоскость крыла. Кроющие перья располагаются, как черепица, и придают форму туловищу и крыльям, защищая птицу от воды и ветра. Под ними – покров из мягкого пуха, удерживающего тепло тела.

Только ли птицы умеют летать

У белки-летяги по бокам туловища, между передними и задними лапами, есть складки из кожи, покрытые мехом. И когда она прыгает с дерева на дерево, они расправляются, что позволяет ей планировать на расстояние более 400 м. Хвост при этом работает как руль и тормоз. Летучие рыбы выпрыгивают из воды с помощью определенных движений хвостом и пролетают в воздухе до 100 м, при этом их широкие грудные плавники раскрываются, как крылья. Лесная лягушка совершает длинные прыжки с дерева на дерево и за счет перепонок между пальцами может планировать на расстояние в несколько метров.

С-А-М-Ы-Е - С-А-М-Ы-Е

• Самые крупные нетопыри – это летучие мыши или летучие лисицы. Их так называют из-за вытянутой морды, похожей на мышиную или лисью. Представители этого вида обитают на острове Ява, размах их крыльев – 1,7 м, а длина сложенного крыла – 42 см.

• Самая мелкая летучая мышь обитает в Таиланде, она весит 2 г, а ее длина – 3,3 см.

Как летает летучая мышь

Летучая мышь – единственное млекопитающее, которое летает, как птица, с помощью крыльев. Они у нее не сплошные, а состоят словно из секторов и напоминают кисть с пальцами. Это позволяет ей летать с низкой скоростью и дает широкие возможности для маневрирования. Крылья мыши образованы тонкой перепонкой из кожи без меха, соединяющей передние конечности с боковыми частями туловища.

Летучая мышь – ночное животное. Днем она спит, сложив крылья и повиснув вниз головой на ветках деревьев, в пещерах или на чердаках.

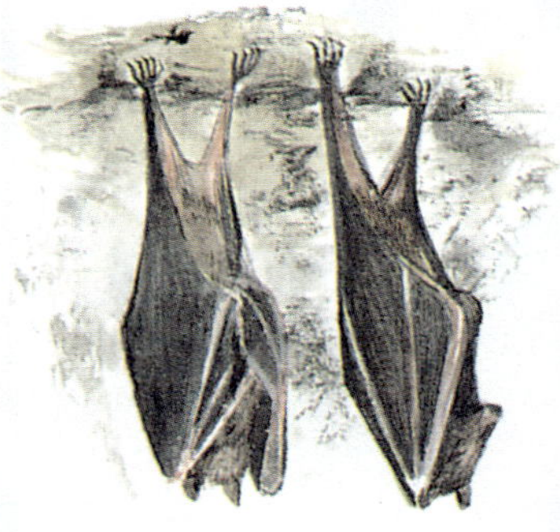

Где живут млекопитающие

Млекопитающие смогли приспособиться к любым типам климата – от полярного до экваториального, поэтому они и распространились по всему миру. Подкожный жир, спячка и способность запасать пищу – это лишь немногие средства, которыми звери пользуются для преодоления трудностей.

В ПУСТЫНЕ...

Верблюд легко выживает в пустыне благодаря своим горбам, в которых он накапливает значительное количество жира – это запас на тот случай, когда пищи и воды станет не хватать. Широкие пальцы их двухпалых ступней позволяют ходить по сыпучим пескам.

...И В СНЕГАХ

В обледенелой арктической тундре обитает овцебык. Чтобы прокормиться, он роет копытами снег и ломает лед в поисках мха, лишайников и корешков.

• КТО? КАК? КОГДА? •

Как устроены млекопитающие?

Млекопитающие – теплокровные животные, то есть имеют постоянно высокую температуру тела. Их тело обычно покрыто более или менее густой шерстью, они рождают живых детенышей, а самки вскармливают их молоком. Млекопитающие имеют достаточно развитый мозг и заботятся о своем потомстве в течение долгого времени. Единственные из известных сегодня млекопитающих, откладывающих яйца, – это утконос и ехидна, но и они вскармливают детенышей молоком.

Все ли животные заботятся о своих детенышах

Животные по-разному относятся к собственному потомству: одни выращивают детенышей парой, другие — в одиночку, третьи вообще не занимаются ими. Например, лягушки и черепахи, отложив яйца, покидают их. Но количество их яиц столь велико, что и возможность выживания хотя бы некоторых детенышей из приплода также велика. Гадюки и гремучие змеи рождают уже самостоятельных детенышей и вовсе за ними не присматривают. Самка кобры — единственная змея, которая заботится о вылупившихся из яиц змейках, несмотря на то что с самого появления на свет они абсолютно независимы. Крокодилы и аллигаторы заботятся как о яйцах, так и о потомстве. Большинство других животных, как млекопитающих, так и птиц, в течение долгого времени уделяют детенышам свое родительское внимание.

Мелкие хищники

Нильский крокодил откладывает яйца в ямку, прикрытую землей и растительными остатками. Когда детеныши готовы вылупиться, они издают особый звук, сигнализируя тем самым матери о том, что настал момент извлекать яйца из земли. Только что родившийся крокодил — уже хищник!

• Кто? Как? Когда? •

Как долго сидит на яйцах императорский пингвин?

Процесс высиживания яиц императорского пингвина длится около двух месяцев, в течение которых самец держит яйцо в лапах, накрывая его складками кожи для защиты от холода и чтобы оно не скатилось на лед. Такое положение тела вынуждает его голодать в течение всего периода высиживания.

В·И·К·Т·О·Р·И·Н·А

1) ***Кто из этих животных после появления на свет продолжает жить в своей семейной группе?***
- ❑ Пчелы ❑ Лягушки ❑ Тигры

2) ***Какое животное производит на свет сразу четырех близнецов одного пола?***
- ❑ Утконос ❑ Броненосец ❑ Кобра

3) ***В течение скольких месяцев тигрица вскармливает своих детенышей?***
- ❑ 12 ❑ 6 ❑ 15

4) ***Сколько лет детеныш орангутана остается при матери?***
- ❑ 1 ❑ 3 ❑ 5

5) ***Какая птица откладывает яйца в общее с другими самками гнездо?***
- ❑ Сова ❑ Ласточка ❑ Страус

Ответы:
1) *пчелы;* 2) *броненосец;* 3) *6;* 4) *5;* 5) *страус.*

Только ли самки могут производить потомство?

У некоторых видов животных отцы вынашивают в своем теле яйца, отложенные самкой. Например, морской конек принимает в свой брюшной карман яйца, отложенные самкой, и примерно через 15 дней готовится к родам: прицепившись хвостом к водорослям, он производит на свет до 200 мальков.

Самец лягушки ринодермы Дарвина, распространенной в Южной Америке, вынашивает яйца, отложенные самкой, в своем голосовом мешке, где икринки и превращаются в головастиков. После чего они самостоятельно покидают свой «инкубатор», выползая из отцовского рта.

Зачем кенгуру сумка на брюхе

У самки кенгуру на животе находится сумка. Она нужна потому, что структура ее внутренних органов не позволяет полностью доносить детеныша. После рождения маленький, трехсантиметровый кенгуренок, слепой и голый, карабкается по брюху матери ко входу в сумку. Там он будет расти еще семь месяцев, питаясь материнским молоком, пока не сможет самостоятельно оттуда выбраться.

У КАКИХ МЛЕКОПИТАЮЩИХ ТОЖЕ ЕСТЬ БРЮШНАЯ СУМКА

Сумчатых зверей много: их насчитывают 270 видов.
Коала живет в ветвях деревьев. Ее детеныши после того, как вылезут из сумки, взбираются на спину матери.
«Тасманийский дьявол» — это сумчатый хищник, он охотится ночью. Кроме того, он прекрасный пловец. У опоссума нет настоящей сумки, а есть лишь кожная складка вокруг молочных желез. Когда детеныши уже достаточно большие, они устраиваются в гнезде или на материнской спине.

Вомбат, делая себе нору, роет длинные туннели, и вход в сумку у самок расположен внизу живота — так что земля внутрь не попадает.

• ГДЕ? КАК? КОГДА? •

Где обитают сумчатые?

Большая часть сумчатых живет в Австралии. Некоторые виды распространены в Новой Гвинее, некоторые — в Южной Америке, а опоссум обитает в Северной Америке.

Как животные могут спрятаться

Некоторые животные маскируются под среду, в которой обитают, и принимают такие формы и цвета, благодаря которым их не видит ни возможная жертва, ни опасный хищник. Маскируясь, некоторые насекомые принимают форму и цвет листьев, веток, шипов – так их не замечают те животные, которые на них охотятся. Горностай и заяц зимой меняют мех, становясь белыми, как снег вокруг. Перья сойки, бекаса и фазана окрашены в цвета подлеска. Особый тип мимикрии (маскировки под среду) наблюдается у насекомых, которые похожи на своих ядовитых или несъедобных сородичей (например, некоторые бабочки-ленточники похожи на бабочку данаида – та на вкус горькая и птицам не нравится). Это вводит в заблуждение птиц.

Почему у зебры полосатая шкура

Полосы на шкуре зебры одного вида отличаются от полос на шкуре зебр другого вида. По мнению ученых, их окраска имеет маскировочную функцию, так как не дает возможности хищнику различить отдельное животное в стаде. Кроме того, в сумерках и с определенного расстояния полосы делают зебру почти невидимой: она сливается с окружающим ее ландшафтом.

• КАК? КОГДА? ПОЧЕМУ? •

Почему хамелеон меняет цвет?

Пигментные клетки в коже хамелеона позволяют ему менять цвет в зависимости от света, температуры среды и настроения животного. Когда цвет его кожи становится похож на цвет окружающей обстановки, он оказывается невидимым как для хищников, так и для своей жертвы. Если животное волнуется или хочет испугать непрошеного гостя, оно становится темным, чтобы все знали: на душе у него черно!

Почему у некоторых животных яркая окраска

Самцы многих птиц щеголяют яркими перьями во время брачного периода. Окраска самок почти всегда более скромная – им нужна маскировка на время высиживания яиц и ухода за детенышами. Некоторым ядовитым животным и тем, у кого есть надежная защита, яркая окраска необходима для того, чтобы предупредить врага, чтобы он держался от них подальше. Взрослые хищники начинают определять, какой добычи следует избегать. Цвета, предупреждающие об опасности, – обычно красный и желтый в сочетании с черным.

Рыба-скорпион

Рыба-скорпион обитает в Красном море и Тихом океане. Ее яркая окраска предупреждает о наличии ядовитых шипов.

• Как? Когда? Почему? •

Почему фламинго розовые?

Фламинго питается мелкими ракообразными, а в них содержится значительное количество каротина – оранжево-розового пигмента, того же, что и в моркови. Именно благодаря питанию оперение птицы имеет этот необычный цвет. Чтобы его сохранить, в зоопарках, где содержат фламинго, в их рацион регулярно включают порции креветок.

В·И·К·Т·О·Р·И·Н·А

1) У каких насекомых самец с самкой используют световой сигнал для опознавания друг друга?

2) У каких травоядных млекопитающих сзади есть пятно, похожее на морду?

3) Какому зверю яркий контраст черного и белого цветов его окраса помогает отпугивать даже крупного врага?

Ответы:
1) светлячки; 2) у газели; 3) скунс.

Что такое фальшивый глаз

У некоторых животных есть на туловище одно или два темных пятна, которые можно принять за глаза. У некоторых рыб фальшивый глаз расположен ближе к хвосту: если хищник стал атаковать, приняв хвост за голову, у них есть время спастись.

У многих бабочек на крыльях есть по два больших круглых пятна, которые издали можно принять за глаза.

Желтый и черный

Мясо желто-черной саламандры ядовито: об этом и предупреждает опытного хищника ее окраска. Такое же сочетание цветов пчелы сообщает ее врагам о том, что ее жало опасно.

Желтобрюхая жерлянка

От Европы до Дальнего Востока живут ядовитые жабы – жерлянки. В момент опасности они показывают противнику свое брюхо яркой красно-черной окраски, чтобы испугать его. Этот жест позволяет им избежать гибели.

Как охотится белый медведь

Бесконечные ледяные пространства Ледовитого океана вынуждают полярного медведя проходить десятки километров в поисках своей жертвы – кольчатого тюленя. Ему необходимо съедать хотя бы одного небольшого тюленя в неделю. Чтобы поймать добычу, он часами неподвижно лежит у продуха – дыры, которую тюлени делают во льду, чтобы, выныривая, сделать глоток воздуха. Как только животное появляется на поверхности воды, медведь мгновенно бьет его мощными когтями, а затем зубами вытаскивает на лед. Если же тюлень отдыхает на льду, хищник бесшумно приближается к нему вплавь, под конец и вовсе под водой, затем у самого края льдины он неожиданно выпрыгивает, отсекая добыче путь к спасению.

Кочующий хищник

Полярная лисица, песец, уходит в глубь полярных полей на сотни километров от берегов океана. Зимой она бродит по льдам, питаясь падалью или остатками «со стола» полярных медведей. От холода ее спасает густой мех – белый зимой и коричневый летом.

Суперобоняние

Даже самому маленькому тюленю – бельку, несмотря на превосходную маскировку в снегу, не скрыться от медведя, который обнаруживает добычу благодаря прекрасному обонянию.

Превосходный пловец

Полярный медведь – отличный пловец: он способен плыть без отдыха до 80 км. От холода зверя спасает жир и толстая шкура.

Самые крупные представители семейства кошачьих

Самые крупные представители семейства кошачьих из известных сегодня – это львы и тигры. У них прекрасно развиты все органы чувств, они обладают мощным телом, острыми когтями и зубами, и конечно же они прекрасные охотники. У львов почти всегда добывают пропитание самки, используя тактику групповой охоты. Тигр охотится в одиночку и в основном ночью. Чтобы настичь жертву, кошки могут преследовать ее даже вплавь, по реке. Овладев добычей, они волокут ее к месту, где намерены устроить трапезу.

Размеры

Львы могут достигать 3 м в длину, а весить до 250 кг. Длина тигров – примерно 3,6 м, а вес – 350 кг.

Другие крупные кошки

Гепард – непревзойденный бегун, у него крепкое, изящное тело и длинные ноги.

Ягуары – прекрасные пловцы, они обитают в Америке. У них пятнистая шкура. Эти пятна и более крупная голова отличают его от азиатских и африканских леопардов.

У леопарда, или, как его часто называют, пантеры, шкура бывает желтоватой с пятнами разных узоров. И среди пантер, и среди ягуаров попадаются темные, почти черные особи.

Пуму называют также горным львом. Этот охотник-одиночка обитает в Северной Америке, в ее северной части. У него мех красноватого или серо-голубого цвета.

Как рыбы дышат в воде

Как и всем животным, рыбам для жизни необходим кислород. Чтобы извлекать его из воды, у них есть жабры – два отверстия, расположенные по бокам головы, через которые и поступает кислород, содержащийся в воде. Рыба при закрытых жабрах заглатывает воду ртом. Она проходит сквозь жаберные пластинки, где кислород отделяется от воды и поглощается кровеносными сосудами, затем выходит через открытые жаберные крышки. Эти органы открываются и закрываются ритмически, наподобие процесса дыхания у наземных животных.

Защита для жабр

Костная пластина, которая закрывает жабры с каждой стороны, называется жаберной крышкой и защищает жаберные пластинки от повреждений.

• КТО? КАК? КОГДА? •

Как дышат морские млекопитающие?

Киты и дельфины имеют сходный с другими млекопитающими дыхательный аппарат: у них есть легкие, и поэтому они должны получать кислород из воздуха. Для этого они регулярно выныривают из воды и дышат при помощи ноздрей, расположенных наверху головы.

Как рыбы плавают

Рыба движется за счет колебательных движений, совершаемых корпусом и плавниками. Движения хвоста и тела разнообразны. Угри попеременно сокращают мускулы и продвигаются вперед за счет извилистых движений. Меняя порядок этих сокращений, они могут двигаться в обратном направлении.

В·и·к·т·о·р·и·н·а

1) ***Какая из этих рыб обитает в реках?***

❒ Форель ❒ Камбала ❒ Краснобородка

2) ***Какая из этих рыб обитает в озерах?***

❒ Треска ❒ Серебристый хек ❒ Окунь

3) ***Какая из этих рыб выпускает электрический разряд?***

❒ Один из скатов ❒ Мурена ❒ Угорь

4) ***Какая рыба плавает, находясь в вертикальном положении?***

❒ Рыба-клоун ❒ Рыба-лоцман ❒ Морской конек

Ответы:
1) *форель;* 2) *окунь;* 3) *один из скатов;* 4) *морской конек.*

Морские млекопитающие быстро плавают благодаря вертикальным движениям хвостового плавника, которые сообщают туловищу мощный толчок вперед. Скат же плывет за счет волнистых движений широких грудных плавников.

Умен ли осьминог

Осьминог – это моллюск, достигший высокой степени эволюции. Он в состоянии запомнить собственный опыт и в зависимости от этого выстраивать свое поведение. Во многих аквариумах мира было отмечено, что осьминог запоминает людей, приносящих ему пищу. Множество тестов подтверждают его способность различать геометрические фигуры, а также следовать заданному маршруту. Это животное-одиночка, живущее на коралловых рифах или в прибрежных скалах. У него мощные средства защиты: острое зрение, высокая способность к мимикрии и знаменитые ядовитые чернила – чтобы дезориентировать противника.

Ц·И·Ф·Р·Ы

- У осьминога восемь щупальцев.
- Обычный осьминог весит в среднем 3 кг, но отдельные крупные особи достигают 10 кг.
- Размах щупальцев осьминога – 3 м.
- Длина осьминога с щупальцами – 1–1,3 м.
- Осьминог откладывает от 100 до 500 тыс. яиц.
- Длина только что появившегося на свет осьминога составляет всего 3 мм.

Как осьминог плавает

Чтобы плыть, осьминог (так же, как кальмары и каракатицы) с силой выбрасывает воду из специальной полости тела через маленькое отверстие, которое называют воронкой. С каждым выбросом воды он продвигается вперед или назад – в зависимости от того, куда развернута воронка. Чем сильнее и чаще эти выбросы, тем быстрее плывет животное.

Как развивается бабочка

Жизнь бабочки начинается с яйца и проходит несколько стадий. Из каждого яйца вылупляется личинка, или гусеница, которая питается листьями и быстро растет. Завершив свой рост, она превращается в куколку: заворачивается в кокон – оболочку из шелковых нитей, которые она сама и вырабатывает. Внутри кокона, прикрепленного к ветке или листу, организм полностью перестраивается: появляются крылья, усики и ножки. Когда бабочка сформировалась, она вылетает из кокона и расправляет свернутые крылья. После того как бабочка отдохнет и ее крылья подсохнут, она в первый раз полетит.

С·А·М·Ы·Е - С·А·М·Ы·Е

- Бражники – одни из самых быстрых в мире бабочек: они способны развить скорость до 60 км/ч.
- Азиатская павлиноглазка достигает в размахе крыльев 30 см, мелкие моли – всего нескольких миллиметров.

Как отличить ночную бабочку

Ночные бабочки, как и многие другие, относятся к отряду чешуекрылых, но отличаются от дневных тем, что предпочитают ночную жизнь. Их усики обычно мохнатые, а крылья во время отдыха плоско расправлены на спине, тогда как дневные держат крылья прямо вертикально. Цвет крыльев у ночных бабочек приглушенный: серый или коричневый.

Питание

Бабочки (дневные и ночные) питаются цветочным нектаром, который они высасывают при помощи специального ротового аппарата – хоботка.

Как устроена пчела

Длина пчелиной матки – 2 см. Она имеет удлиненное туловище и утолщенное брюшко. У нее есть жало, которое за свою жизнь она использует не один раз, и лишь она одна может откладывать яйца. Рабочая же пчела меньше по размерам и жалом может воспользоваться лишь однажды, потому что усилия, которые она затрачивает на то, чтобы вытащить его из тела жертвы, вызывают у нее смертельные повреждения. Она сосет цветочный нектар при помощи маленького хоботка и накапливает его в зобу. Ее задние конечности оснащены специальными щеточками и корзинками для сбора и переноса пыльцы. Самец пчелы – трутень, у него крепкое туловище и нет жала, единственная его функция – оплодотворять матку. Сразу же после спаривания он обычно умирает. У каждой пчелы есть усики-антенны и две пары глаз.

Насекомые

Это самый многочисленный класс живых существ: их насчитывают 800 тыс. видов. У всех насекомых туловище состоит из трех отделов: головы, груди с брюшком и шести ножек. Большинство из них имеют крылья.

• КТО? КАК? КОГДА? •

Как пчелы общаются?

Пчела сообщает другим особям информацию об источнике пищи с помощью «танца», который она исполняет внутри улья. Если пища находится менее чем за 100 м от улья, «танец» будет круговым. Если же расстояние превышает 100 м, «танцующая» выписывает восьмерки. Перелетая с места на место и совершая различные движения туловищем, пчела сообщает не только расстояние, но и направление, в котором необходимо лететь.

Жизнь в улье

В каждом улье, построенном из шестиугольных ячеек – сот, размещаются матка, несколько сотен трутней и тысячи рабочих пчел. Матки живут до пяти лет, рабочие пчелы – два месяца, а трутни – всего четыре недели.

В·И·К·Т·О·Р·И·Н·А

1) ***Кто из этих животных враг пчел?***
❒ Осы ❒ Лягушки ❒ Белки

2) ***Кто из этих насекомых ведет общественный образ жизни?***
❒ Мухи ❒ Бабочки ❒ Муравьи

3) ***Какое из этих животных не является насекомым?***
❒ Таракан ❒ Клоп ❒ Скорпион

4) ***У кого из этих насекомых, кроме самки-«царицы», есть еще и «царь»?***
❒ У муравьев ❒ У термитов ❒ У ос

5) ***Какие насекомые очень вредны для растений?***
❒ Тля ❒ Цикады
❒ Обыкновенный богомол

Ответы:
1) осы; 2) муравьи; 3) скорпион; 4) у термитов; 5) тля.

Что производят пчелы

Пчелы строят соты из воска, который вырабатывается их железами. Мед – это конечный продукт переработки нектара, после обработки слюной пчелы он складывается в ячейки сот. Запах и вкус меда меняется в зависимости от цветка, с которого взят нектар. Маточным молочком, которое также вырабатывают специальные железы рабочих пчел, питаются только матка и новорожденные личинки. Человек разводит пчел с целью использования этих продуктов в пищу и для приготовления лекарств.

Паук — это насекомое?

Пауки не являются насекомыми, они относятся к другой группе членистоногих животных — паукообразным. У них 8 ножек, и их тело состоит из двух частей: головогруди и брюшка. К этому же классу относятся и скорпионы. Паукообразных более 70 тыс. видов, и почти все они наземные. Пауки — а их существует около 30 тыс. видов — это внушающие страх хищники: схватив добычу, они убивают ее ядом, а затем вводят в тело жертвы особое вещество, разжижающее ее ткани так, чтобы их можно было легко высосать.

Каракурт (черная вдова)

Укус этого паука смертелен: его яд гораздо сильнее, чем у гремучей змеи. Причем кусают только самки; самцы совершенно безобидны.

• КТО? КАК? КОГДА? •

Как пауки размножаются?

Обычно пауки откладывают яйца на растениях. Их количество всегда разное. Защищает яйца паутиновый кокон, кроме того, за ними наблюдает самка. Иногда она носит кокон на себе. Когда детеныши вылупляются из яиц, они некоторое время остаются с матерью, а затем, впервые повиснув на шелковой нити, отдаются на волю ветра, который их относит куда-нибудь, где они могут начать самостоятельную жизнь.

С·А·М·Ы·Е - С·А·М·Ы·Е

- Паук-голиаф, или птицеед, – самый крупный представитель своего класса. Однажды была обнаружена особь с размахом ножек, равным 28 см – примерно как высота этой страницы.
- Самый маленький паук – пату (*Patu marplesi*), крошечный, как точка. Его длина составляет менее 1/2 мм.
- Паук оонопс (*Oonops*) откладывает только два яйца, а паук мегаломорф (*Mygalomorphus*) – более 3 тыс.
- Некоторые тропические пауки плетут трехметровую паутину.

Птицеед

Гигантские мохнатые пауки, размах лапок которых 20 см, смачивают свою жертву желудочным соком, который растворяет ее ткани и превращает их в кашицу. Затем кусочки пищи, оказавшиеся слишком большими, отбрасываются.

Как плетется паутина

При помощи специальных органов – желез, расположенных на брюшке, паук производит нити: одну крепкую – чтобы паутина была прочной, а другую – клейкую, чтобы добыча к ней прилипала. Для сооружения паутины требуется примерно час работы. Паук протягивает первую нить между двумя точками, затем со второй нитью он возвращается по первой к исходной точке.

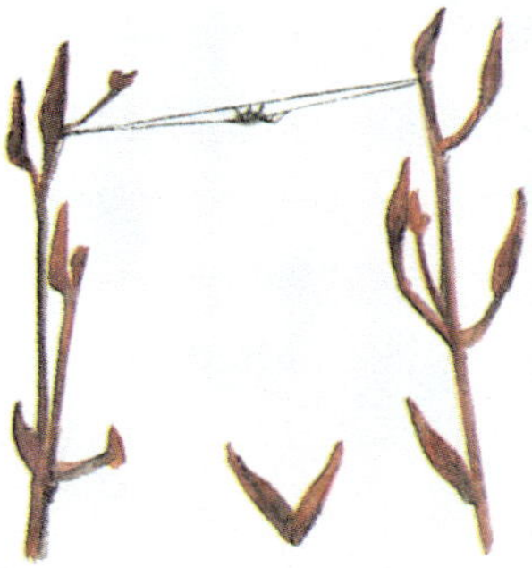

После этого, вернувшись на середину этих двух нитей, он протягивает третью вниз, чтобы закрепить конструкцию снизу. Далее он добавляет к паутине лучи и делает контур, двигаясь по уже натянутым нитям или же по каким-нибудь естественным опорам. Затем он выводит спираль из липкой нити, оставляя, впрочем, для себя свободные проходы, и плетет последнюю нить – сигнальную. Она начнет вибрировать, как только какое-нибудь насекомое окажется в ловушке.

Как змеи охотятся

Удавы сжимают жертву кольцами своего тела, пока она не задохнется. Питон может задавить детеныша газели и проглотить его целиком: такой пищеварительный процесс длится несколько дней. Удав питается мелкими млекопитающими и птицами, которых он заглатывает с головы. Переваривать добычу больших размеров ему помогают особые пищеварительные соки, способные растворить даже кости.

Многие змеи используют яд, чтобы обездвижить или убить свою добычу.

Самые опасные из них, такие, как гадюка или кобра, имеют в передней части пасти ядовитые зубы. Они пользуются ими как для нападения, так и для защиты. Укус змеи, чьи ядовитые зубы расположены в задней части пасти, уже не столь действенный, так как она может ввести яд лишь после того, как поймала добычу.

• КТО? КАК? КОГДА? •

Есть ли у змей органы чувств?

Змеи во время охоты полагаются на обоняние, так как слух и зрение у них не слишком развиты. Они могут почувствовать присутствие добычи, просто высунув язык: он передает информацию о запахах и вкусах в окружающей среде на специальный орган внутри рта — химический анализатор. У некоторых змей есть термолокаторы — органы чувств, фиксирующие тепло, исходящее от других животных.

Как змеи двигаются

Змеи передвигаются благодаря мощным мускулам и необыкновенной гибкости позвоночника. Они могут ползти, например, «гармошкой», то есть складывать туловище в мелкие складки, делая затем рывок.

Передвижение «гармошкой»

Движение из стороны в сторону

Рептилии

Змеи относятся к классу рептилий. В него входят также крокодилы и черепахи. Все рептилии являются позвоночными холоднокровными животными, то есть температура их тела непостоянна и зависит от температуры внешней среды.

Ц•И•Ф•Р•Ы

• Габонская гадюка — очень крупная змея (1,8 м в длину). Длина ее ядовитых зубов достигает 5 см.

• Яд королевской кобры может убить человека за 15 минут.

• Самая быстрая морская змея плавает со скоростью 3,6 км/ч.

• Черная мамба из семейства кобр — самая быстрая в мире змея: она развивает скорость 15 км/ч.

• Яд, взятый за один прием у тигровой змеи, может убить до 125 тыс. мышей.

Анаконда

Анаконда — гигантская змея, обитающая в бассейне Амазонки, — убивает свою жертву, безжалостно сдавливая ее. Известны десятиметровые экземпляры.

Гремучая змея

Настоящий гремучник, или гремучая змея, — это ловкий охотник: она бесшумно приближается к жертве и атакует ее.

Змеи также двигаются, опираясь на камни или другие предметы, от которых отталкиваются то вправо, то влево, рисуя телом множество зигзагов. Змеи могут перемещаться и боком, то есть сначала передвигать хвост и голову, фиксировать их, а затем и все туловище.

Движение боком

Такое движение позволяет телу змеи, обитающей в пустыне, долго не касаться раскаленного песка. Крупные особи ползут, периодически вытягиваясь и опираясь на поверхность земли брюшными чешуйками.

Кто такой головастик

Лягушка, как и большинство амфибий, откладывает яйца в прудах и болотах. Из них вылупляются головастики – личинки, похожие на маленьких рыбок. У них длинный хвост, они дышат жабрами, а питаются водорослями. Через несколько недель у головастика вырастают сначала задние, а потом и передние лапки. Хвост тем временем укорачивается и исчезает, формируются легкие. Таким образом он превращается в лягушку и начинает новую, наземную жизнь, в течение которой будет питаться насекомыми и всегда находиться возле воды.

Амфибии

Амфибии – это холоднокровные животные. У них нет ни шерсти, ни чешуи. Дышат они не только легкими (у некоторых амфибий их нет), но и через гладкую, влажную, пористую кожу. Отдельные виды амфибий ядовиты.

• КТО? КАК? КОГДА? •

Как лягушки общаются?

Чтобы квакать, самцы лягушек и жаб надувают воздухом голосовые мешки, расположенные по бокам горла. Таким образом, даже при слабо развитых легких они издавают очень громкие звуки. Эти звуки индивидуальны для каждого вида этих животных. Лягушки используют их для ухаживания за самками и для защиты территории. Некоторых ядовитых представителей этих амфибий легко узнать не только по окраске, но и по кваканью.

Саламандра

Формой хвоста и туловища саламандра напоминает ящерицу. Некоторые виды этой амфибии обитают на суше – иногда даже на деревьях, а некоторые – исключительно в воде.

Ц·и·ф·р·ы

- Большая китайская саламандра весит 65 кг и имеет длину 1,8 м. Если бы она встала на задние лапы, ее рост был бы равен человеческому!
- Жаба откладывает до 6 тыс. яиц, соединенных четырехметровой студенистой лентой.
- Лишь 20% жаб доживают до пятилетнего возраста.

Как отличить лягушку от жабы

Различить их нам помогают кожа и «походка». Например, у лягушки кожа гладкая и влажная и покрыта слоем слизи. Она передвигается прыжками: задние лапы у нее более длинные и сильные по сравнению с передними.

У жабы кожа сухая и неровная, иногда покрытая бородавками. Задние лапы, короткие и толстые, делают ее «походку» крайне неуклюжей.

Почему горилле грозит исчезновение

Горилл, выживших в эпоху истребления тропических лесов в горах Экваториальной Африки и варварской охоты, осталось всего несколько тысяч. Когда-то их отлавливали для зоопарков, а иногда и просто для того, чтобы полакомиться мясом этих животных. Сегодня разработаны специальные программы спасения последних сохранившихся особей и исследования их образа жизни.

Каким животным грозит вымирание

Огромное количество животных сегодня в опасности. Вот лишь некоторые из них: панда, голубой кит, руконожка, черный носорог, птицекрылка королевы Александры, новозеландский какапо, калифорнийский кондор, галапагосская гигантская черепаха.

• Кто? Как? Когда? •

Как живут гориллы?

Гориллы — это большие (рост взрослой гориллы превышает 2 м) и мирные животные. Они живут стадами, включающими 5—20 особей, во главе со взрослым самцом — вожаком. Он принимает решения об их передвижениях и разрешает возникающие споры. Гориллы — вегетарианцы. Значительную часть времени они проводят в дреме, расположившись на ветках деревьев.

Растения

Что такое растения

Растения – это особые организмы, образующие целое царство. Большинство из них зеленого цвета, так как содержат хлорофилл – зеленый пигмент, способный поглощать световую энергию и превращать ее в питательные вещества. Различают 400 тыс. видов растений, имеющих различную структуру, форму и размер: от маленьких и простых, как, например, мхи или ряска, до огромных и сложных наподобие гигантской секвойи. Есть растения с цветками и без них; есть такие, которые периодически сбрасывают листву, а также вечнозеленые растения. Внутри многих из них есть сосудистая система – сеть сосудов, проводящих воду и растворенные в ней питательные вещества.

Происхождение растений

Современные растения произошли от группы зеленых водорослей, которые 450 млн. лет назад приспособились к жизни на суше.

• КТО? КАК? КОГДА? •

Как устроена растительная клетка?

Растительная клетка имеет плотную оболочку из целлюлозы. Под ней находится цитоплазма, в которую погружены ядро и вакуоль, содержащая клеточный сок. Другими элементами растительной клетки являются органеллы – хлоропласты, содержащие хлорофилл; лейкопласты, которые удерживают питательные вещества, а также хромопласты, содержащие пигменты, которые придают желтый, оранжевый или красный цвет растениям или их элементам.

Клетка

В·И·К·Т·О·Р·И·Н·А

1) *Что такое бриофиты?*
- ❒ Растения без корней
- ❒ Растения без ствола
- ❒ Толстянковые растения

2) *Какое научное название имеют растения с цветками?*
- ❒ Голосеменные
- ❒ Папоротниковидные
- ❒ Покрытосеменные

3) *Какое растение вырастает из желудя?*
- ❒ Береза
- ❒ Дуб
- ❒ Ива

4) *Что такое листопадное растение?*
- ❒ Растение без цветов
- ❒ Растение, которое осенью сбрасывает листья
- ❒ Вечнозеленое растение

Ответы:
1) *растения без корней;* 2) *покрытосеменные;* 3) *дуб;* 4) *растение, которое осенью сбрасывает листья.*

Где живут растения

Растения со временем приспосабливаются к любой среде. И хотя самая благоприятная для них среда та, где много света, тепла и влаги, они способны выживать и в пустынях, и в полярных районах. В засушливых зонах растения приспосабливаются к жаркому и сухому климату: мясистые листья удерживают значительное количество воды, а покрывающая их плотная кожица препятствует испарению.

В зоне Южного полюса, на территориях, не покрытых льдом, произрастают мхи и лишайники. Последние очень выносливы, и, если климатические условия становятся совсем суровыми, они впадают в состояние, похожее на спячку. Некоторые растения, например кувшинки, живут на поверхности воды: у них широкие плоские листья, красивые белые цветы, а длинные корни крепятся ко дну спокойных и глубоких водоемов.

Растения без сосудов

Некоторые растения, например мох, не имеют внутренней сосудистой системы, которая обеспечивала бы им поступление влаги вовнутрь, и поэтому они вынуждены жить вблизи водоемов и поглощать воду непосредственно из окружающей среды.

Что такое деревья

Эти растения имеют древесный ствол, защищенный корой. Он разветвляется на высоте нескольких метров от земли. Крону дерева образуют ветви с листьями различной формы: широкие у лиственных пород, например у дуба, платана, каштана, и игольчатые у хвойных — сосны, ели или кипариса. Некоторые виды деревьев называются вечнозелеными, потому что у них листья всегда зеленого цвета, и они меняют их постепенно, «по кругу».
Лиственные деревья раз в год — в начале более холодного или более сухого сезона — сбрасывают всю листву.
Корни у деревьев обычно развиваются в нижней части ствола.

Хвойные породы

За исключением лиственницы, хвойные — это вечнозеленые растения. Их листья покрыты непроницаемой пленкой и имеют форму иглы, что сводит к минимуму испарение воды и контакт с холодным воздухом.

• ЧТО? КАК? КОГДА? •

Что такое кора?

Стволы деревьев покрыты корой: это непроницаемый слой отмерших клеток. Она защищает растение от насекомых, паразитов и резких колебаний температуры. Кора у каждого дерева всегда разная, поэтому ее можно назвать его «визитной карточкой».

Зачем нужны корни

Корни поглощают воду из земли, накапливают питательные вещества, поступающие из листьев, а также удерживают растение в земле. Многочисленные корневые волоски увеличивают площадь всасывания из почвы воды и растворенных в ней питательных веществ.

П·Р·О·В·Е·Д·И О·П·Ы·Т

Кора каждого дерева, как и отпечаток пальца, имеет свой неповторимый рисунок. Ты можешь создать картотеку отпечатков коры способом, описанным ниже. Приложи лист кальки или кондитерской бумаги на поверхность ствола в том месте, где рисунок коры наиболее очевиден. Потри по листу боковой стороной воскового мелка – и ты получишь отпечаток рисунка коры. Повтори эту операцию на других деревьях, а потом наклей полученные отпечатки на цветной картон, подписав под каждым название дерева.

ШИРОКОЛИСТНЫЕ ДЕРЕВЬЯ

У многих широколистных деревьев листья периодически опадают, хотя отдельные тропические виды сохраняют листву круглый год.

У некоторых растений, например у моркови, в корне, который называется стержневым, накапливается много питательных веществ. Корни могут расти в воде или в воздухе. У баньяна, например, воздушные корни свисают с веток, достигая земли.

Почему растениям необходим свет

Без света растения не могут производить для себя питание. Они поглощают из почвы воду и минеральные соли, а из воздуха получают углекислый газ. Все эти элементы потом взаимодействуют между собой и преобразуются в сахара. Солнечный свет, поглощаемый хлорофиллом, находящимся в листьях, снабжает растение энергией, необходимой для химического процесса, называемого фотосинтезом.

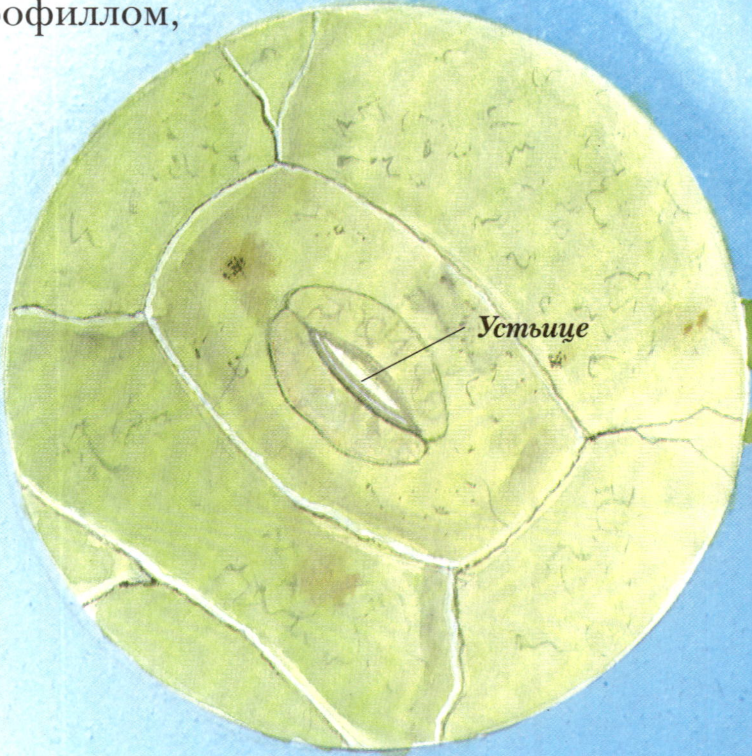

Устьица

На внутренней части листа есть небольшие отверстия — устьица. С их помощью растение осуществляет газовый обмен: поглощает углекислый газ и выделяет кислород.

• ЧТО? КАК? КОГДА? •

Что делают растения ночью?

Днем растение поглощает углекислый газ и выделяет кислород. Ночью же, когда нет солнечного света, оно поглощает кислород и выделяет углекислый газ с водяными испарениями. Количество кислорода, использованного растением ночью, ниже, чем его количество, произведенное днем.

П·Р·О·В·Е·Д·И О·П·Ы·Т

Заверни две фасолины во влажную хлопчатобумажную ткань и подержи их там, пока они не прорастут. Когда ростки оформятся, пересади их в горшки с землей. Один из них поставь на окно, а другой — помести в шкаф, в темноту. Поливай ростки через три дня в течение двух недель и каждый день измеряй, насколько они выросли. Ты увидишь, что растение, находящееся в темноте, вначале будет расти очень быстро в поисках света, затем его рост замедлится, и росток станет бледно-зеленым. Он продолжит расти, только когда ты поставишь горшок на свет.

Кислород

Продуктом отхода процесса фотосинтеза является кислород, необходимый человеку и животным для дыхания. Благодаря растениям доля кислорода в воздухе остается неизменной.

Где течет клеточный сок

Внутренняя часть стебля сосудистых растений состоит из сосудов-трубочек, по которым течет клеточный сок. Те из них, которые доставляют воду и минеральные соли (необработанный сок) из корней в листья, находятся в центральной, более углубленной части стебля — ксилеме, или древесине. Сахара (переработанный сок), произведенные в результате фотосинтеза, двигаются по внешней стороне стебля — флоэме, или лубу, и достигают всех органов растения, так как текут как вверх, так и вниз. В листе транспортными артериями являются жилки, которые пронизывают всю поверхность листа.

Как устроен лист

Мир растений предлагает нам удивительное разнообразие листьев. Для того чтобы выполнять свою важнейшую роль (производить питание для всего растения), листья научились приспосабливаться к конкретным климатическим условиям. Например, листья вечнозеленых растений плотные и покрыты толстым слоем воска, чтобы противостоять затяжным дождям, ветрам, горячим солнечным лучам и натиску насекомых. Листья растений, произрастающих в засушливых районах, обычно мелкие, порой уже преобразовавшиеся в иглы, чтобы как можно меньше подвергаться воздействию жары. В тропических лесах, наоборот, встречаются растения с листьями огромных размеров – так им легче получать то небольшое количество света, которое проникает сквозь кроны деревьев.

• Как? Когда? Почему? •

Почему с деревьев опадают листья?

Лиственные деревья, когда наступает наиболее трудный для них сезон (холодный или засушливый), сбрасывают листья и таким образом резко сокращают количество потребляемой влаги. Листья прекращают свою деятельность по выработке клеточного сока и отпадают от растения, которое выживает за счет питательных веществ, накопленных в корнях. Весной, когда погодные условия вновь станут благоприятными, у растения появятся новые листья.

Классификация листьев

Листья отличаются друг от друга по форме, которая может быть копьевидной, сердцевидной, овальной или игловидной. Различия есть также в рисунке края листовой пластинки, который бывает сплошным, зубчатым, волнистым или лопастным. Бывают листья простые и сложные (их листовые пластины состоят из нескольких листиков, прикрепленных к основному черешку).

Черешок

Листья обычно крепятся к стволу при помощи черешка, но некоторые, например пальмовые, крепятся непосредственно к стволу.

В·и·к·т·о·р·и·н·а

Каким растениям принадлежат эти листья?

1) 

- ❒ Базилик
- ❒ Мята
- ❒ Шалфей

2) 

- ❒ Липа
- ❒ Дуб
- ❒ Орех

3) 

- ❒ Клен
- ❒ Апельсин
- ❒ Конский каштан

4) 

- ❒ Инжир
- ❒ Орех
- ❒ Герань

Ответы:
1) *базилик;* 2) *дуб;*
3) *клен;* 4) *герань.*

Почему листья меняют цвет

Большинство листьев зеленого цвета, так как в них содержится хлорофилл. Но в них могут присутствовать и другие пигменты, способные обеспечивать иную окраску.

Например, если у остролиста хлорофилл распределяется неравномерно, лист становится разноцветным: желто-зеленым.

Осенью, когда в дереве приостанавливается процесс фотосинтеза, хлорофилл распадается – тогда в листьях преобладает желтый пигмент.

У некоторых разновидностей бука и клена красные листья.

Почему некоторые растения — хищники

Обычно вещества, необходимые для производства питания, растения поглощают из почвы. Но некоторые из них, чтобы выжить в засушливых или низкоплодородных почвах, научились питаться насекомыми или мелкими животными, например лягушками, и получать от них витамины и минеральные соли. Насекомых привлекает запах и цвет растения, и они попадают в хитрые ловушки, например вязнут в каплях фальшивой росы или попадают в «зубастые клетки».

Какие растения являются хищниками

Листья непентеса имеют форму кувшина. Привлеченные запахом нектара этого растения, насекомые соскальзывают по гладким краям его листьев на дно кувшина-ловушки. Особые волоски, направленные вниз, не позволяют жертве выбраться наверх.

Листья росянки покрыты чувствительными волосками, из кончиков которых выделяются капли липкой жидкости, напоминающие росу. Когда насекомое садится на лист, волоски накрывают его и обволакивают слизью, лист при этом медленно закрывается и захватывает добычу.

Листья венериной мухоловки захлопываются, когда их касаются насекомые, и пленяют своих жертв.

• Кто? Как? Когда? •

Как растение-хищник переваривает жертву?

Внутри у насекомоядных растений есть железы, которые производят особые ферменты, «растворяющие» добычу, после чего они способны усвоить ее питательные вещества. Ферменты — вещества, которые выделяют клетки живых организмов для ускорения химических реакций, обеспечивающих жизненно важные для организма процессы (пищеварение, размножение, дыхание и т. д.).

Какие растения ядовиты

Цветки, листья и плоды некоторых растений содержат вещества, ядовитые для животных и людей. Они могут расти в любых климатических условиях. Их часто используют в декоративных целях (например, олеандр или ясенец) или же для приготовления лекарств (например, наперстянка и красавка). Некоторые растения, например крапива, содержат ядовитые вещества и при контакте с ними вызывают раздражения на коже. Бывают такие, которые при попадании в желудок приводят к отравлению, иногда со смертельным исходом.

Ядовитое вещество, содержащееся в соке олеандра, используется для изготовления яда для мышей.

• КТО? КАК? КОГДА? •

Кто питается ядовитыми растениями?

Гусеницы бабочки монарх, обитающей в Северной Америке, питаются ядовитым растением, называемым ластовень. Его яд, который на нее не оказывает никакого воздействия, становится грозным средством защиты гусеницы, а потом и бабочки. Если какой-нибудь птице вздумается поохотиться на такую бабочку, она быстро передумает и навсегда запомнит ее кричащую окраску, чтобы держаться подальше.

Есть ли польза от ядовитых растений

В некоторых растениях содержатся вещества, которые хоть и ядовиты сами по себе, но в определенных дозах обнаруживают ценные лекарственные свойства. Наперстянка обыкновенная (наверху) — травянистое растение, содержащее дигиталис, вещество, большое количество которого может убить. В правильной же дозировке оно используется как лекарство, регулирующее сердцебиение.

Семейство пасленовых включает в себя как съедобные растения (помидоры, картофель), так и множество ядовитых. Почти у всех пасленовых в листьях и незрелых плодах содержатся ядовитые алкалоиды — соланины. К этому семейству относятся также петуния (см. внизу) и табак.

Что такое дождевые леса

Ни в каком другом месте Земли растения не растут так пышно и в таком количестве, как в жарких и влажных областях вблизи экватора: в дождевых лесах. Эти леса представляют собой сложнейшую экосистему, в которой живет половина всех земных организмов. Самые крупные деревья достигают там высоты более 50 м, а их ветви простираются вокруг на десятки метров. Чуть ниже густо сплетаются кроны других деревьев, образуя свод леса. В этой полутьме растут вьющиеся (или лазящие) растения — лианы, деревья и кустарники. Из-за них дождевые леса часто непроходимы.

• ЧТО? КАК? ПОЧЕМУ? •

Почему шкура некоторых ленивцев отливает синевой?

В густой шкурке некоторых видов ленивца поселяются целые колонии голубых водорослей. Они усиливают эффект мимикрии животного, и ленивца практически не видно среди листвы и мхов. Микроклимат, который образуется между волосками ленивца, идеален для роста этих водорослей.

Жизнь на деревьях

Многие из млекопитающих, населяющих дождевые леса, научились жить на деревьях и перемещаться с растения на растение в поисках пищи.

Ц·И·Ф·Р·Ы

- В экваториальных дождевых лесах в среднем ежегодно выпадает от 1,5 до 4 тыс. мм осадков, а температура колеблется от 25 до 35 °С.
- На одном гектаре (100 м^2) дождевого леса может произрастать от 80 до 200 различных видов растений.
- Леса Амазонки покрывают большую часть экваториальной зоны Южной Америки (около 6 млн.

Какие растения живут в дождевых лесах

Мангровы растут в солоновато-горькой воде в устьях рек. Их корневая система частично развивается над водой и образует причудливые арочные сплетения, в которых поселяются рыбы и птицы.

Эпифиты — это растения, живущие на ветвях других растений. Их корни свободно свисают вниз и поглощают влагу из воздуха. К ним относятся некоторые орхидеи и растения из семейства бромелиевых.

В нижнем ярусе дождевых лесов находят себе пристанище папоротники, которые любят тень и высокую влажность.

Какие растения живут в пустыне

В пустыне растения вынуждены долгое время обходиться без воды, поэтому их корни уходят глубоко в почву – туда, где есть влага. У таких растений, как, например, кактус, толстый стебель: в нем накапливается вода. Их листья снабжены колючками – для защиты от животных – и покрыты воском (это сводит к минимуму испарение). Семена некоторых пустынных растений могут долгое время сохраняться в почве в ожидании редких дождей. Когда же долгожданный дождь наконец выпадает, растения очень быстро прорастают, цветут и умирают, роняя в землю новые семена.

• Как? Когда? Зачем? •

Зачем нужны колючки?

Колючки на самом деле – это видоизмененные листья. Они служат растению не только как средство защиты от животных, но и помогают ему выставлять под жаркие солнечные лучи меньшую поверхность, что значительно снижает испарение влаги, хранящейся у него внутри. Кроме того, благодаря своей форме колючки собирают ночную влагу из воздуха: она конденсируется на остриях и стекает вниз по растению – к корням.

Что такое растения-суккуленты

Суккулентами называются растения, способные накапливать влагу внутри своего стебля и в мясистых листьях. Кактус является типичным суккулентом.

Ферокактус – это округлое растение с желтыми, красными или оранжевыми цветками. Стебель и плоды у кактуса опунции покрыты колючками.

Угроза

Некоторым видам кактусов грозит опасность уничтожения в природе, так как они представляют большую ценность как комнатные растения. Хотя эти виды внесены в Красную книгу, коллекционеры и подпольные торговцы безнаказанно их собирают.

С-а-м-ы-е - с-а-м-ы-е

- Листья агавы могут достигать двухметровой длины, а высота цветка — до 10 м.
- Сагуаро — гигантский кактус. Имеет в высоту более 15 м, длина его колючек — 7 см.
- Рекордная высота одного из кактусов без ветвей в Аризоне составила 24 м — это высота семиэтажного дома!
- Некоторые ферокактусы имеют трехметровую высоту.

Корни-труженики

Корни растений, обитающих в пустыне, часто простираются далеко вширь, а затем и вглубь — так им удается использовать то небольшое количество влаги, что дает роса. Именно поэтому растения в пустыне расположены так далеко друг от друга.

В пустынях Южной Африки растет «живой камень». Это растение получило свое название за то, что форма и цвет верхушек его стеблей напоминают камни.

Мясистые листья агавы с колючками по краям и шипом на острой верхушке могут накапливать значительное количество воды. Агава цветет один раз в жизни в возрасте от 10 до 20 лет, затем вянет и умирает.

Какие растения живут в воде

Некоторые растения имеют крепкий корень, погруженный в воду, с помощью которого они крепятся ко дну. Их стебли и листья, находящиеся на поверхности, обычно тонкие, но сильный ветер не сможет вырвать такое растение с корнем.
Другие растения плавают на поверхности воды или же живут около воды. У плавающих растений устьица находятся в верхней части их листьев, чтобы они могли контактировать с воздухом.

Ирис цветет вблизи канав и мелких водоемов. Рогоз растет вокруг болот: у него цветы в форме початков на длинном, достигающем 2,5 м стебле.

П·Р·О·В·Е·Д·И О·П·Ы·Т

Хочешь убедиться в том, что растения дышат под водой? Опусти какое-нибудь водное растение в банку с водой, накрой ее картонкой, переверни вверх дном и помести в таз с водой. Вытащи картонку и выстави таз на солнце. Через некоторое время ты увидишь, что в банке появились пузырьки: это кислород, выделенный растением.

Ц·И·Ф·Р·Ы

- Существует 4 тыс. видов красных водорослей, 1,5 тыс. видов бурых и 6 тыс. видов зеленых водорослей.
- Некоторые водоросли, растущие в Тихом океане, вырастают в день на 45 см и достигают шестидесятиметровой длины.
- Зеленые и бурые водоросли живут на глубине менее 25 м, так как им необходим солнечный свет. Красные же водоросли выживают и при минимальном освещении на глубине более 100 м.

Цветы кувшинки закрываются на ночь, а на рассвете снова раскрываются.
Листья водяного ореха плавают на поверхности воды, его колючие плоды напоминают плоды каштана.
У водного лютика цветы желтого цвета, а листья длинные и заостренной формы.

ЧТО ТАКОЕ ВОДОРОСЛИ

Водоросли – это простейшие растительные организмы. Они обитают как в море, так и в пресных водах. Некоторые из них имеют микроскопический размер и вместе с многочисленными мелкими морскими животными образуют планктон – питание многих рыб. Многоклеточные водоросли прикрепляются ко дну при помощи небольшого разветвленного корня (корневых волокон). Некоторым из этих растений мелкие пузырьки воздуха,

которыми они покрыты, помогают прямо держаться в воде. Красные и бурые водоросли живут только в соленой воде, а зеленые часто встречаются в пресной воде.

Зачем растениям цветки

В цветках находятся репродуктивные органы растения, выполняющие важнейшую функцию: производить семена, чтобы давать жизнь новым растениям. Мужские органы цветка – тычинки – производят пыльцу, представляющую собой мельчайшие гранулы, как правило, желтого цвета. Обычно пыльцу переносит ветер, вода или животные, а по пути ее «захватывают» женские органы цветков, пестики, и она попадает в яйцеклетку. Семена образуются, когда пыльца соединяется с яйцеклеткой, то есть происходит оплодотворение.

Пестик

На кончике пестика находится рыльце – липкое утолщение, улавливающее пыльцу. Ниже расположен столбик, по которому пыльца спускается к центральной части цветка – завязи.

• КАК? КОГДА? ПОЧЕМУ? •

Почему цветы пахнут?

Цветы пахнут потому, что их лепестки содержат эфирные масла, широко используемые в парфюмерной промышленности и в фармацевтике. Чаще всего для этой цели используются лепестки розы, фиалки и жасмина. Запах необходим цветам для привлечения насекомых, которые их опыляют. При этом существуют цветы, которые пахнут неприятно. Например, стапелия, или «орденская звезда», чтобы ее опылили, привлекает мух запахом тухлого мяса.

Какие растения не имеют цветков

Хвойные растения размножаются семенами, находящимися в шишках. У них бывают мужские (более мелкие) и женские шишки. В сосновой шишке между древесными чешуйками хранятся орешковидные семена.

В·и·к·т·о·р·и·н·а

1) *У какого растения появляются сначала цветки, а потом листья?*
- ❒ Проскурняк ❒ Форзиция ❒ Петуния

2) *В какой среде цветы не растут?*
- ❒ В пустыне ❒ В воде ❒ На льду

3) *Как называется совокупность лепестков?*
- ❒ Венчик ❒ Почка ❒ Чашечка

4) *Сколько существует видов розы?*
- ❒ 30 ❒ 100 ❒ 250

5) *Какого цвета цветок льна?*
- ❒ Белого ❒ Красного ❒ Голубого

Ответы:
1) форзиция; 2) на льду; 3) венчик; 4) 250; 5) голубого.

Завязь

Яйцеклетка находится в завязи, где происходит оплодотворение и начинается развитие семени. С этого момента завязь превращается в плод.

Папоротники размножаются при помощи спор — мельчайших клеток, которые отделяются от нижней части листьев. Из них вырастают мелкие растения в форме сердечка. Задача спор — произвести мужские и женские клетки, из которых впоследствии родится новое растение.

Мхи также размножаются при помощи спор, которые у них содержатся в маленьких капсулах на концах стеблей. Каждая спора способна дать жизнь новому растению.

Как рождается растение

Внутри каждого семени живет зародыш растения, обладающий драгоценным запасом питания для развития начальной фазы своего жизненного цикла. Если условия благоприятные (то есть почва достаточно теплая и влажная), семя прорастает: пускает первый корень, а из него другие, более мелкие. Позже появляется росток с первыми листьями. Теперь растение сформировалось и может продолжить расти, питаясь самостоятельно.

Если не хватает воды...

Если семя попадает в засушливую среду, оно не погибает, а может сохраняться годами, не прорастая. Как только оно соприкасается с водой, то мгновенно прорастает и увядает, так как его запас питательных веществ используется для формирования проростка.

• Кто? Как? Когда? •

Как распространяется пыльца?

К ножкам и крылышкам насекомых, которые садятся на цветок в поисках нектара, прилипают мелкие гранулы пыльцы. Когда насекомое садится на другой цветок, оно оставляет немного пыльцы на рыльце, тем самым его опыляя. Опылять растения могут также птицы, например колибри, или ветер.

П·Р·О·В·Е·Д·И О·П·Ы·Т

Известно ли тебе, что цветы могут расти без почвы? Можешь проверить. Возьми луковицу амариллиса и помести ее в сосуд с водой так, чтобы ее нижняя часть была полностью погружена в воду. Поставь сосуд в тень. Когда же появятся первые листики, перенеси его на солнце. Ты увидишь, как проклюнулись корешки, а через несколько дней распустится прекрасный цветок: питательные вещества, необходимые растению, уже содержались в луковице.

Как размножаются растения без семян

Некоторые растения развиваются из луковиц или из клубней, а также из подземных стеблей, которые накапливают питательные вещества, необходимые для образования новых ростков. Съедобная часть картофеля — это как раз клубень. Из него развиваются ростки, которые дают жизнь новому растению.

Луковица образовывается листьями, частично накладывающимися друг на друга. Она защищает почку, из которой развивается новое растение.

У банана ростки нового растения появляются из корневища — подземного стебля, который развивается горизонтально и напоминает луковицу или клубень.

Некоторые растения, например клубника, дают боковые ростки, усы, которые при контакте с почвой пускают корни, образуя новое растение. Как только оно начинает расти, ус отмирает.

Как устроено семя

Семя содержит в себе растение в миниатюре, у которого уже оформлены все его части: корешок потом превратится в корень; стебелек будет крепко держать растение, когда вырастет; зародыши листьев, или семядоли, будут питать растение до тех пор, пока полноценные листья не начнут производить питание сами. Семена, имеющие лишь один зародышевый лист, как, например, кукуруза, называются однодольными. Семена, у которых два зародышевых листа, как у фасоли, называются двудольными. Растения также называются однодольными или двудольными в зависимости от типа их семян.

Защитная пленка

Пленка, покрывающая семя, называется кожурой. При соприкосновении с водой она разбухает, лопается, а затем отделяется от семени.

• Как? Когда? Почему? •

Почему мы едим семена злаковых?

Питательный запас семян злаковых образуют углеводы, жиры и белки, поэтому они занимают важное место в питании человека. Кроме того, внешняя часть зерна (отруби) богата целлюлозой, а это – важное питательное волокно. Если перемалывать семена вместе с оболочкой, получается полезная обдирная мука. Наиболее распространенные злаковые: пшеница, рис, ячмень, кукуруза, рожь и овес.

С·А·М·Ы·Е - С·А·М·Ы·Е

- Самым крупным семенем в мире является морской орех (плод сейшельской пальмы): он растет только на Сейшельских островах и весит почти 20 кг.
- Самые мелкие семена имеет эпифит орхидея: 1 млн. этих микроскопических семян весит всего 1 г.

Однодольные растения

У них узкие листья с параллельными жилками. К этой группе относятся тюльпаны, некоторые орхидеи, злаковые (кукуруза, рис и пшеница), многие овощи (например, лук и спаржа), а также пальмы.

Двудольные растения

У них обычно широкие листья с разветвленными жилками. К этой группе относится, как минимум, 200 тыс. различных видов растений, среди которых овощи, фруктовые и оливковые деревья, виноград, чай и кофе.

Как семена распространяются

Способов, при помощи которых растения распространяют свои семена, много, и среди них есть весьма оригинальные.

Некоторые семена уносит ветер, а для облегчения задачи природа снабдила их крылышками, как, например, у семян клена или липы, или пушком в форме парашюта, как у одуванчика.

У некоторых семян есть крошечные крючки — они цепляются ими за шкуру животных и так путешествуют.

Семена фруктов заглатывают животные, а затем, по окончании пищеварительного процесса, выделяют их с экскрементами вдали от материнского растения.

Есть такие растения, например мак, которые, как только созревает плод, «выстреливают» семенами на значительное расстояние при помощи специальной «пушки».

Некоторые растения доверяют свои семена воде: морская волна уносит кокосовый орех на дальние расстояния.

Что такое плоды

Когда в цветке начинается развитие семени, лепестки опадают и увеличивается завязь, превращаясь в плод, с тем чтобы лучше сохранить только что сформировавшееся семя. Некоторые плоды съедобны и богаты важными питательными веществами. Бывают плоды с нежной мякотью, сочной и сладкой, например персики, апельсины и груши, а бывают сухие, как, например, орехи. Помидор – это тоже плод.

• КТО? КАК? КОГДА? •

Как устроен орех?

Плоды ореха, зеленые и мясистые, внутри содержат семя, покрытое древесной скорлупой. Съедобным является как раз семя, его называют ядром. Оно богато маслянистыми веществами и, как все сухие плоды, очень питательно.

Какую часть растения мы едим

Съедобные части у разных растений разные: у одних мы едим корень, у других – стебель, листья, клубень или луковицу.
У цветной капусты съедобной частью является ее цветок, а у горошка – семена.

Морковь – это корень.

У сельдерея мы едим стебель, а у латука – листья.

Картошка – это клубень.

Лук – это, разумеется, луковица.

Какие растения самые крупные

Самыми крупными растениями, без сомнения, являются деревья. Секвойи, например, достигают поистине исполинских размеров: до 9 м в диаметре. Самая крупная секвойя – ее диаметр составляет 11 м, а высота 83 м – называется «Генерал Шерман» и растет в национальном парке «Секвойя» в Соединенных Штатах Америки. Предполагают, что ей 2200 лет. Рекорд по высоте установил австралийский эвкалипт: 130–140 м. Самый толстый ствол – до 10 м в диаметре – у баобабов. Крона у них имеет весьма значительные размеры: длина ее окружности достигает 80 м.

Гигантские листья и цветы

Самый крупный в мире цветок – это лилия-паразит раффлезия Арнольди. У нее нет ни ствола, ни листьев, а растет она, прикрепившись к другим зеленым растениям, в лесах Юго-Восточной Азии. Диаметр ее гигантских красных и белых цветов достигает 90 см, а вес каждого цветка может доходить до 10 кг!

Длина листьев пальмы рафия, распространенной на острове Мадагаскар в Африке, может достигать 20 м.

Гигантская кувшинка «виктория амазонская» растет в Южной Америке. Диаметр ее огромных листьев доходит до 2 м.

• Кто? Как? Когда? •

Какие растения самые мелкие?

В Канаде был обнаружен белый кедр, едва достигавший 10 см в высоту, хотя его возраст составлял 155 лет!
Самым мелким цветущим растением считаются водяная чечевица из Бразилии и австралийская ряска. Оба растения похожи на нашу ряску, а диаметр их цветочков не достигает и 1 мм.

Как мы используем растения

Растения играют важнейшую роль в нашем питании, они также используются для изготовления лекарств, парфюмерно-косметической продукции, тканей, красителей, бумаги и стройматериалов. В производстве используются отдельные части растений: из коры некоторых видов дуба получают пробку, а из коры ивы когда-то получали ацетилсалициловую кислоту, основной компонент аспирина. Теперь ее производят в лабораторных условиях. Листья, корни и цветки лекарственных растений используются в лечебных целях, стволы деревьев перерабатываются в древесину, а их соки и смола используются для производства резины. Семена плодов хлопка покрыты нежным пушком, его используют в производстве текстильного волокна.

• ЧТО? КАК? КОГДА? •

Что такое специи?

Специи – это растительные вещества, обладающие сильным запахом и сильным проникающим вкусом. Их получают из растений и используют в кулинарии для усиления вкуса пищи. Многие специи, например перец, корицу, шафран, тмин, анис и имбирь, получают из тропических растений. В кулинарии широко используются такие ароматические травы, как лавр, тимьян и розмарин.

Какие напитки делают из растений

Самые распространенные в мире напитки – чай и кофе – тоже получают из растений. Чай выращивают в зоне тропиков.

Наиболее крупные страны-производители чая – Китай, Индия, Индонезия, Шри-Ланка и Япония. Чтобы получить черный чай, собранные листья сначала вялят на солнце, а затем скручивают. При заготовке зеленого чая листья сначала обрабатывают паром, а затем высушивают.

Производство бумаги

Береза, тополь, бук, сосна и ель используются для получения бумаги. Их древесина размягчается до получения специальной массы, из которой потом прессуют листы и высушивают их.

В·И·К·Т·О·Р·И·Н·А

1) ***Из какого растения делают пиво?***

- ❒ Из пшеницы
- ❒ Из березы
- ❒ Из ячменя

2) ***Какое из перечисленных растений не содержит текстильное волокно?***

- ❒ Конопля
- ❒ Агава
- ❒ Банан

3) ***Из какой части растения льна получают масло?***

- ❒ Из семян
- ❒ Из цветов
- ❒ Из листьев

4) ***Из какого растения получают ваниль?***

- ❒ Из сахарного тростника
- ❒ Из ананаса
- ❒ Из тропической орхидеи

5) ***Какая часть хлебного дерева перерабатывается в муку?***

- ❒ Кора
- ❒ Листья
- ❒ Плоды

Ответы:
1) из ячменя; 2) агава; 3) из семян; 4) из тропической орхидеи; 5) плоды.

Дерево как ценный строительный материал

Древесина некоторых деревьев, например красного дерева, клена, ореха или палисандра, высоко ценится за твердость и красоту и используется для изготовления мебели, паркета и других изделий.

Зрелые плоды кофе, ставшие красного цвета, высушивают и отделяют от мякоти семена. Затем их поджаривают до всем знакомого коричневого цвета.

Какао используют во всем мире для приготовления напитков и сладостей. Это растение выращивают в Африке и Южной Америке. Плоды сначала размачивают, затем выбирают из них семена, высушивают, поджаривают и перемалывают.

Грибы — это растения?

Когда-то грибы относили к царству растений, но теперь ученые выделяют их в отдельное царство. В отличие от растений, в грибах отсутствует хлорофилл, и поэтому они не могут производить для себя пищу посредством фотосинтеза. Однако грибы выделяют ферменты, способные растворять органические вещества, содержащиеся в почве (остатки растений и животных), поглощать их и таким образом обеспечивать себя всеми веществами, необходимыми для роста. Грибы присутствуют во всех типах среды обитания, даже в воде. Размножаются они, распространяя вокруг себя миллиарды мельчайших частиц – спор, гарантируя таким образом появление на свет множества новых организмов. Плесень и дрожжи также относятся к мельчайшим одноклеточным грибам.

Паразиты

Грибы-паразиты высасывают необходимые им питательные вещества из живых растений и животных, вызывая у них повреждения или болезни.

Организмы, способствующие разложению

Грибы совместно с бактериями выполняют главную роль в процессе разложения умерших животных и растений и, следовательно, в повышении плодородности почвы.

• Кто? Как? Когда? •

Как мы используем грибы?

Грибы используются в производстве лекарств, чернил и клеев, а также для ферментации сыров и алкогольных напитков и, наконец, для дрожжевания теста при выпечке хлебобулочных изделий. Первым антибиотиком, открытым человеком, был пенициллин. Его получали из плесени, которую все мы нередко видим на фруктах.

Ц•И•Ф•Р•Ы

- Если проглотить бледную поганку, смерть наступит через 6—15 часов.
- Диаметр шляпки гигантского дождевика может достигать 1 м.
- По сравнению с большинством грибов, живущих относительно недолго, некоторые трутовики могут жить целых 50 лет!
- Известны по меньшей мере 100 тыс. разновидностей грибов, из них известные нам зонтичные грибы составляют лишь 25 тыс. видов.

Жизнь в симбиозе

Некоторые грибы существуют в симбиозе с мелкими водорослями и образуют лишайники: гриб защищает водоросль, а водоросль доставляет грибу питание.

Какие формы бывают у грибов

Общеизвестная форма гриба — это шляпка на ножке, хотя на самом деле грибы имеют множество форм, цветов и размеров. Одни из них съедобны, другие ядовиты и очень опасны. Никогда не следует трогать, а тем более собирать и есть грибы, про которые не знаешь точно, что они съедобны.

Зонтичные грибы

Грибы без ножки

Ядовитый гриб

Как растения защищаются

Растения укореняются в почве или прикрепляются к другим растениям, поэтому они не могут убежать от опасности и изобрели для себя различные способы защиты. Одни из них покрыты шипами, как, например, саванновая акация, роза и многие растения из семейства толстянковых. Такие растения, как крапива, вызывают раздражение на коже у тех, кто к ним прикасается, потому что покрыты жалящими и обжигающими волосками. Ядовитые растения защищаются при помощи содержащихся в них химических веществ, поэтому их боятся и близко не подходят. Стыдливая мимоза сжимается, как еж, едва к ней прикоснешься. «Живой камень» маскируется под пустынные камни.

• Как? Когда? Почему? •

Откуда взялось название «подсолнечник»?

Подсолнечник – распространенное по всему миру травянистое растение. Оно известно своим оригинальным поведением, которое и определяет название: соцветие подсолнечника в течение дня всегда развернуто к солнцу. Как все тропизмы, движение роста подсолнечника регулируется гормоном: это вещество, выделяемое самим растением, которое стимулирует или, наоборот, останавливает его рост. Он интенсивно накапливается в тех частях растения, которые находятся в тени, и они растут быстрее тех, что на солнце, – там количество гормона ниже. Эта разница в скорости роста и заставляет стебель подсолнечника постоянно гнуться и выставлять цветок под солнце.

П·Р·О·В·Е·Д·И О·П·Ы·Т

Положи в стеклянную банку мокрую промокательную бумагу, а между стеклом и бумагой — несколько фасолин. Поставь банку в теплое место и подожди несколько дней. Корни фасоли будут расти вниз, а ростки вверх. Теперь положи банку горизонтально — через несколько дней ты увидишь, что и ростки, и корни снова растут вертикально.

Если воды слишком много

Листья некоторых тропических растений имеют особую форму, позволяющую воде, которая скапливается на их верхушках во время обильных дождей, стекать вниз, как по желобу.

Защита от холода

Чтобы защититься от холода, некоторые растения, например подсолнечник, поворачивают свои цветки вслед за солнцем: так они максимально используют тепло солнечных лучей.

Растения-индикаторы

Растения, как и животные, реагируют на изменения среды различными движениями, которые называются тропизмами. Так, некоторые цветки ночью закрываются, а днем вновь раскрываются.

Корни растений растут обычно вниз, повинуясь силе земного притяжения, а ростки — вверх, к свету. Иногда они растут горизонтально — в поисках воды или недостающих им питательных веществ.

Вьющиеся растения любят «контакты». Они укореняются везде, где находят опору.

Как определить возраст дерева

Деревья растут вверх, вширь и вглубь. Ствол утолщается за счет ежегодного прибавления нового слоя древесины под корой: в нем образуются концентрические кольца. Если их пересчитать, можно узнать возраст дерева. Толщина каждого кольца говорит нам о погодных условиях, в которых росло дерево: кольца широкие, если лили обильные дожди, и, наоборот, тонкие, если стояла засуха.

С·А·М·Ы·Е - С·А·М·Ы·Е

- Самое старое из живущих деревьев — «Вечный Бог» — это секвойя, возраст которой перевалил за 12 тыс. лет.
- Наибольшее число колец — 280 — насчитали у секвойи. Это означает, что ей 4 тыс. лет.
- Самый быстрый рост дерева зафиксирован в Малайзии у альбиции серповидной: 10 м за 13 месяцев.
- Самой старой волосистой сосне, находящейся в США, 4600 лет.

Как долго живет растение

Однолетние растения осуществляют свой жизненный цикл за один год. К этому типу относятся василек, помидор, арбуз, злаковые и многие огородные культуры. А вот морковь, сельдерей, и репа — это растения двухлетние, так как свой жизненный цикл они проходят за два года.

Многолетние растения живут более двух лет. На зиму они сохраняют в луковицах запас питательных веществ, необходимых для весеннего возрождения. К ним относятся крокус, ирис, нарцисс и др. Многие деревья и кустарники ежегодно возобновляют свой рост после зимы — периода слабой активности.

Тело человека

Как устроено тело человека

Тело человека состоит из миллиардов микроскопических клеток, способных обновляться и воспроизводить себе подобных. Внутри одного и того же организма живут клетки, различные по строению и размерам. Однако все они состоят, кроме зрелых красных кровяных телец, лишенных ядра, из ядра – оперативного центра клетки, цитоплазмы – студенистого вещества, окружающего ядро, и клеточной мембраны – тончайшей оболочки вокруг цитоплазмы, регулирующей связи между клеткой и окружающей ее средой. Клетка является основным элементом любого живого организма. Она, в свою очередь, образована сочетанием многих химических элементов, таких, как азот, кальций, углерод и, естественно, водород и кислород. Объединяясь в молекулы воды, кислород и водород составляют 60% массы человеческого тела.

• ЧТО? КАК? КОГДА? •

Что происходит внутри клетки?

Через клеточную мембрану клетки забирают из крови питательные вещества. Кислород их сжигает, высвобождая энергию (почти как в двигателе машины: бензин сгорает – машина едет). Эта энергия используется клетками для осуществления всех жизненно важных функций. Продуктами окисления являются углекислый газ и вода. Почти любая клетка может заменить старую клетку, размножившись делением.

Органеллы

Цитоплазма включает множество мельчайших органов – органелл, каждая из которых отвечает за выполнение в организме своей функции (клеточного дыхания, синтеза и превращений веществ и энергии).

Генетический код

Хромосомы – ядра, «запрограммированные» на воспроизведение функционирования клетки. Это касается генетического кода, ведь он передается от родительской клетки дочерней.

Что такое ткани тела

Клетки с одинаковыми характеристиками и функциями образуют ткань. Эпителиальная ткань составляет верхний, защитный слой кожи.

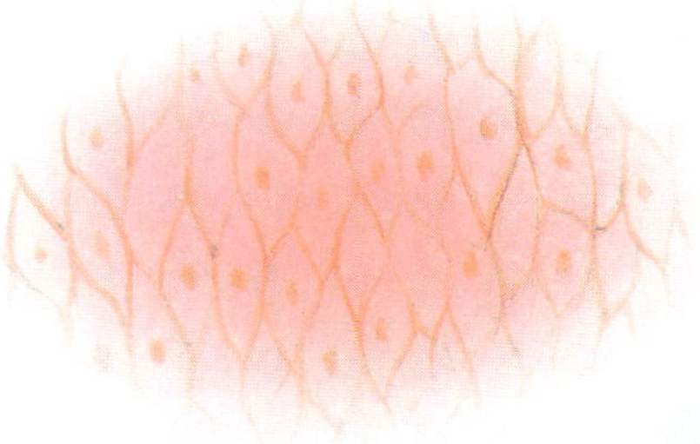

Мышечная ткань позволяет нам двигаться.

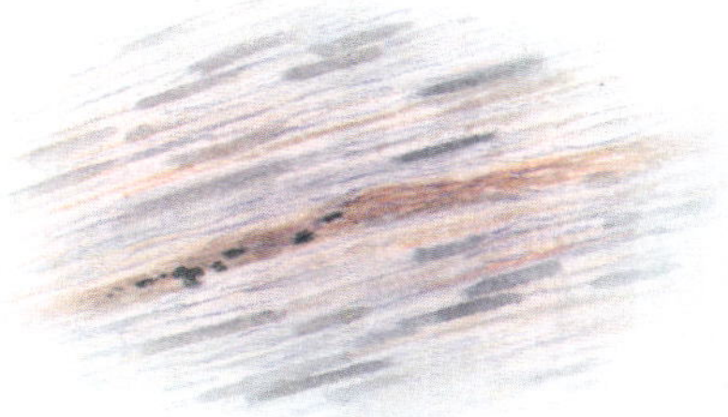

Соединительная ткань соединяет между собой различные ткани нашего тела.

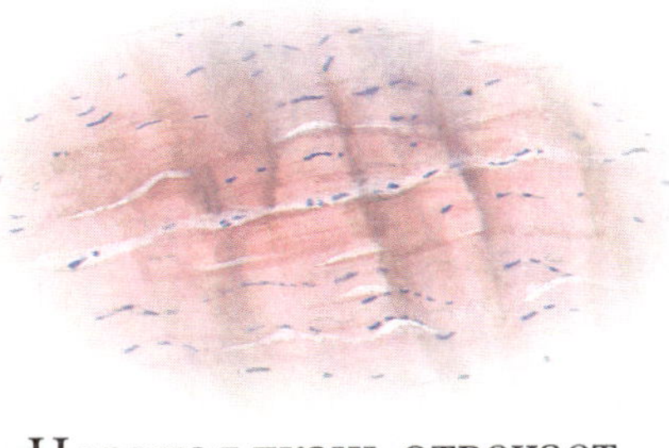

Нервная ткань отвечает за передачу сигналов в форме электрических импульсов из одной части тела в другую.

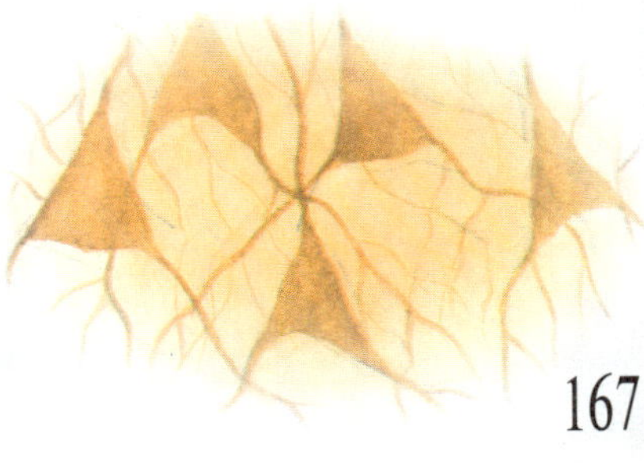

Где в организме находится центр управления

Говорить, двигаться, запоминать, получать внешние и внутренние импульсы, чувствовать голод, жажду, боль, переваривать пищу, дышать – все эти действия контролирует и регулирует нервная система (сложная сеть из нервных клеток, или нейронов). Нейроны периферической части нервной системы передают информацию центральной части нервной системы, состоящей из головного и спинного мозга. После ее обработки центральная нервная система дает «ответ», посылая в нужные места тела необходимые команды. Нервная система регулирует и непроизвольные, то есть независимые от нашей воли движения организма, такие, например, как сердцебиение, дыхание, сокращения зрачка и желудка.

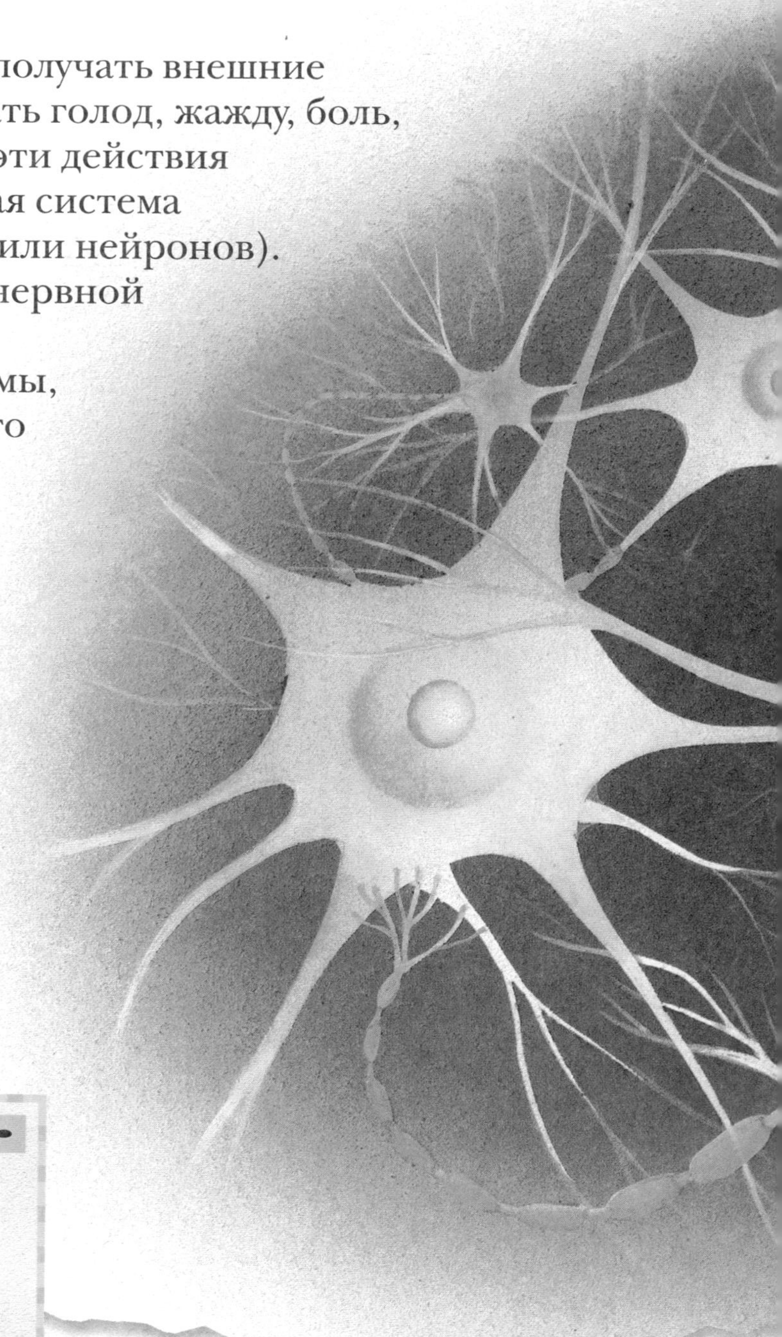

• КАК? КОГДА? ПОЧЕМУ? •

Почему мы ощущаем голод и жажду?

Ощущения голода и жажды сигнализируют нам о том, что настал момент поесть и попить, потому что у организма истощились запасы питательных веществ. Когда желудок пуст и в крови не хватает питательных веществ, такая часть головного мозга, как гипоталамус, сообщает нам об этом появлением чувства голода. Когда в организме слишком низкий уровень жидкости, гипоталамус «включает» чувство жажды, а гипофиз – эндокринная железа под головным мозгом – выбрасывает в организм специальный гормон, который заставляет почки производить меньшее количество мочи.

Как устроена нервная клетка

Каждая нервная клетка состоит из центрального тела, где находится ядро, и из ответвлений, часть которых получает нервные импульсы, а другая часть – аксоны (их длина может достигать 1 м) – передает эти импульсы другим нервным клеткам.

Железы и гормоны

Гипоталамус контролирует деятельность эндокринных желез, вырабатывающих гормоны — особые химические вещества, которые, попадая в кровь, регулируют важные процессы, происходящие в организме, например рост, производство мочи или роды.

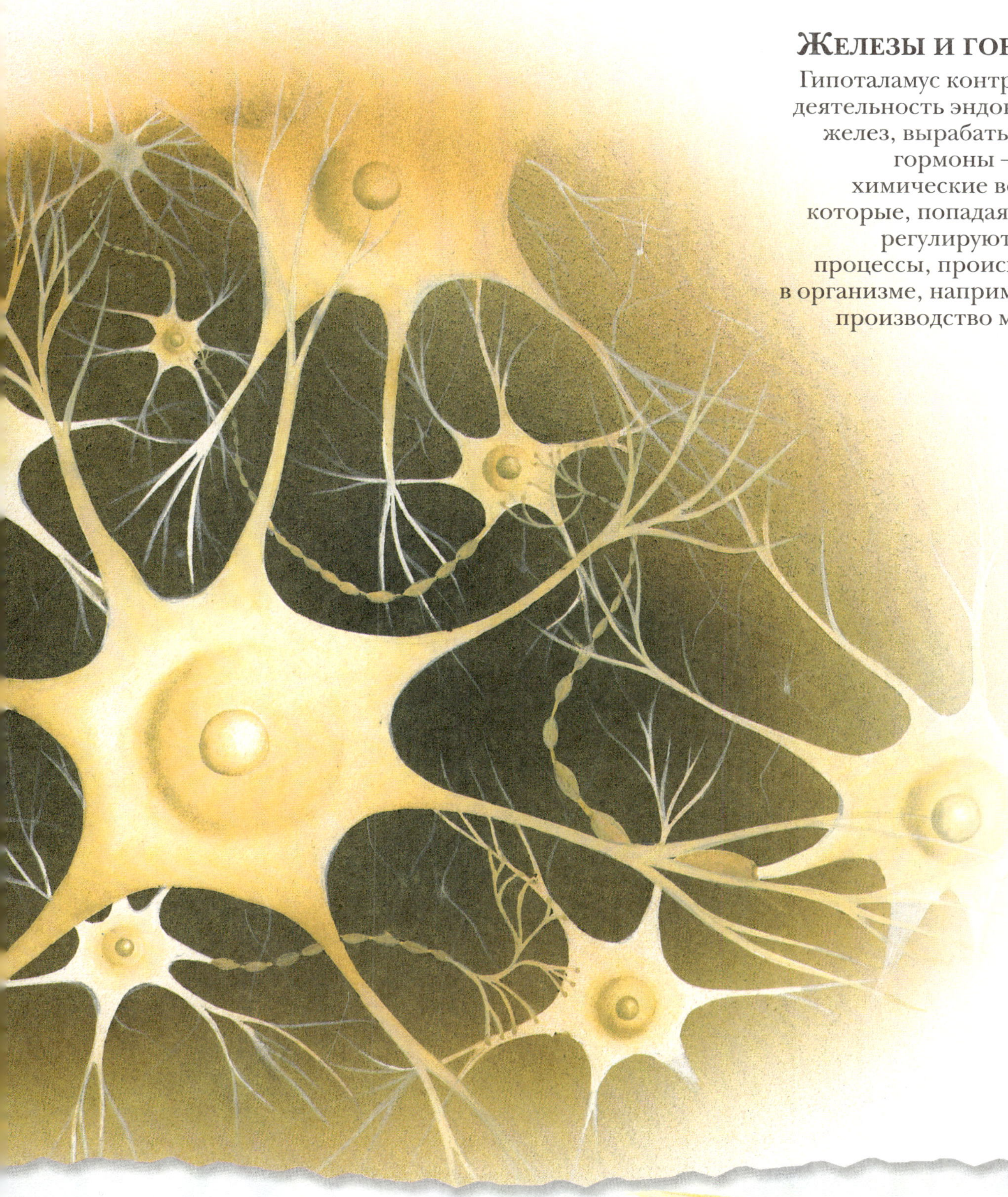

Часть нервных клеток состоит из пучков аксонов, покрытых общей оболочкой. Самые длинные аксоны связывают спинной мозг с кончиками пальцев ног. Информация передается по телу в виде электрических сигналов, возникающих в результате химической реакции и проходящих от одной нервной клетки к другой со скоростью свыше 100 м/с.

Как работает мозг

Мозг позволяет нам общаться с внешним миром, обучаться, запоминать информацию и испытывать различные чувства. Он состоит из миллиардов нервных клеток, через которые непрерывно проходят электрические импульсы. Это центр управления нашим организмом. Он весит немногим более 1 кг. Мозг объединяет, обрабатывает и сохраняет информацию, собранную нашими органами чувств, и регулирует функции организма. Он делится на два полушария: правое и левое, каждое из которых управляет противоположной стороной тела и наделен своими функциями. Правое полушарие координирует движения и «командует» творческой и художественной деятельностью человека. Левое полушарие отвечает за речь, оно «заведует» научным, математическим и вообще логическим мышлением.

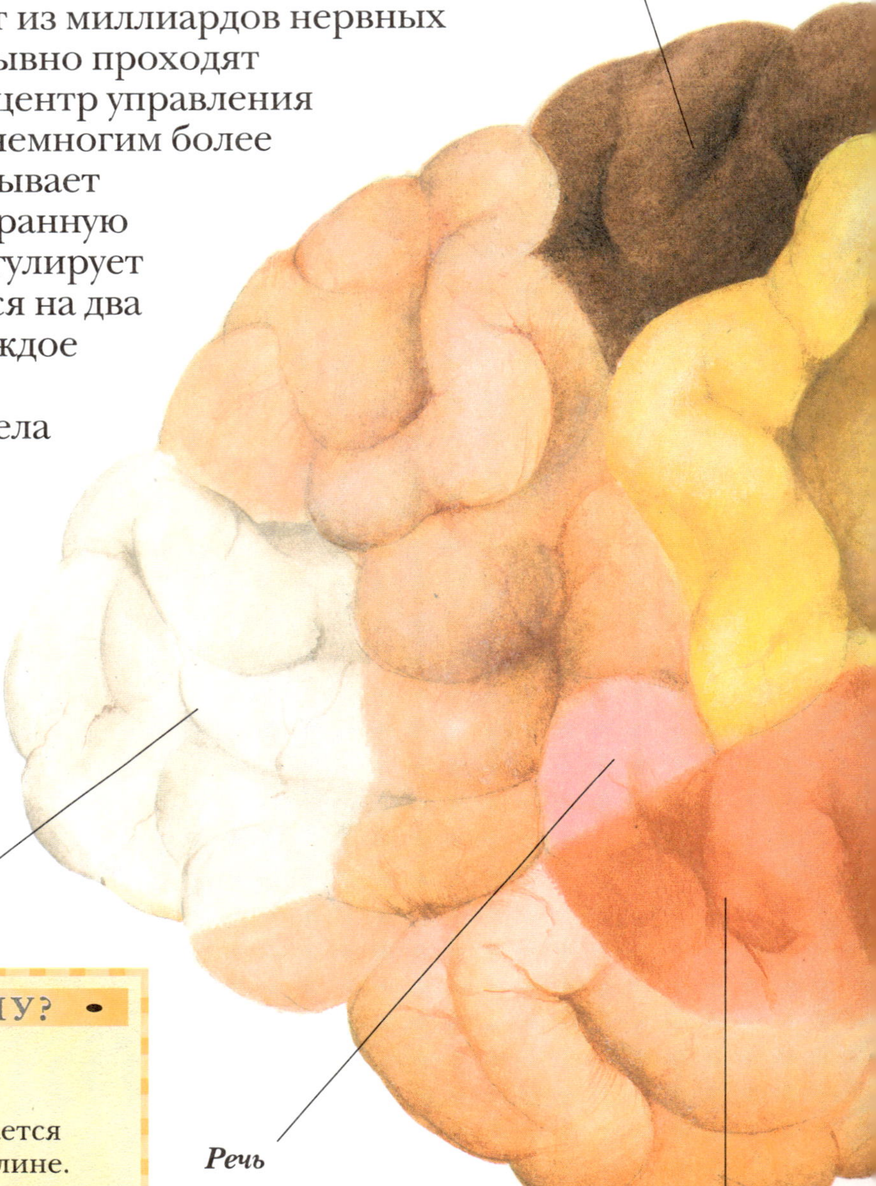

• ГДЕ? КОГДА? ПОЧЕМУ? •

Где рождается страх?

Страх – это чувство, которое рождается в небольшом участке мозга – миндалине. При опасности или угрозе для организма там происходят химические реакции, усиливающие сердцебиение, дыхательный ритм, приток крови в мышцы и потоотделение. Эти реакции помогают организму защищаться. Человек тогда сам решает, бороться ему или бежать. Зона мозга, порождающая эмоции, функционирует в тесном сотрудничестве с той его частью, которая управляет мыслительной деятельностью, ведь эмоции необходимо контролировать.

Спинной мозг

Спинной мозг представляет собой своего рода шнур из нервных клеток, заключенный в позвоночном канале. Позвоночник координирует все действия тела. От спинного мозга отходят нервы, которые соединяют центральную нервную систему с периферической.

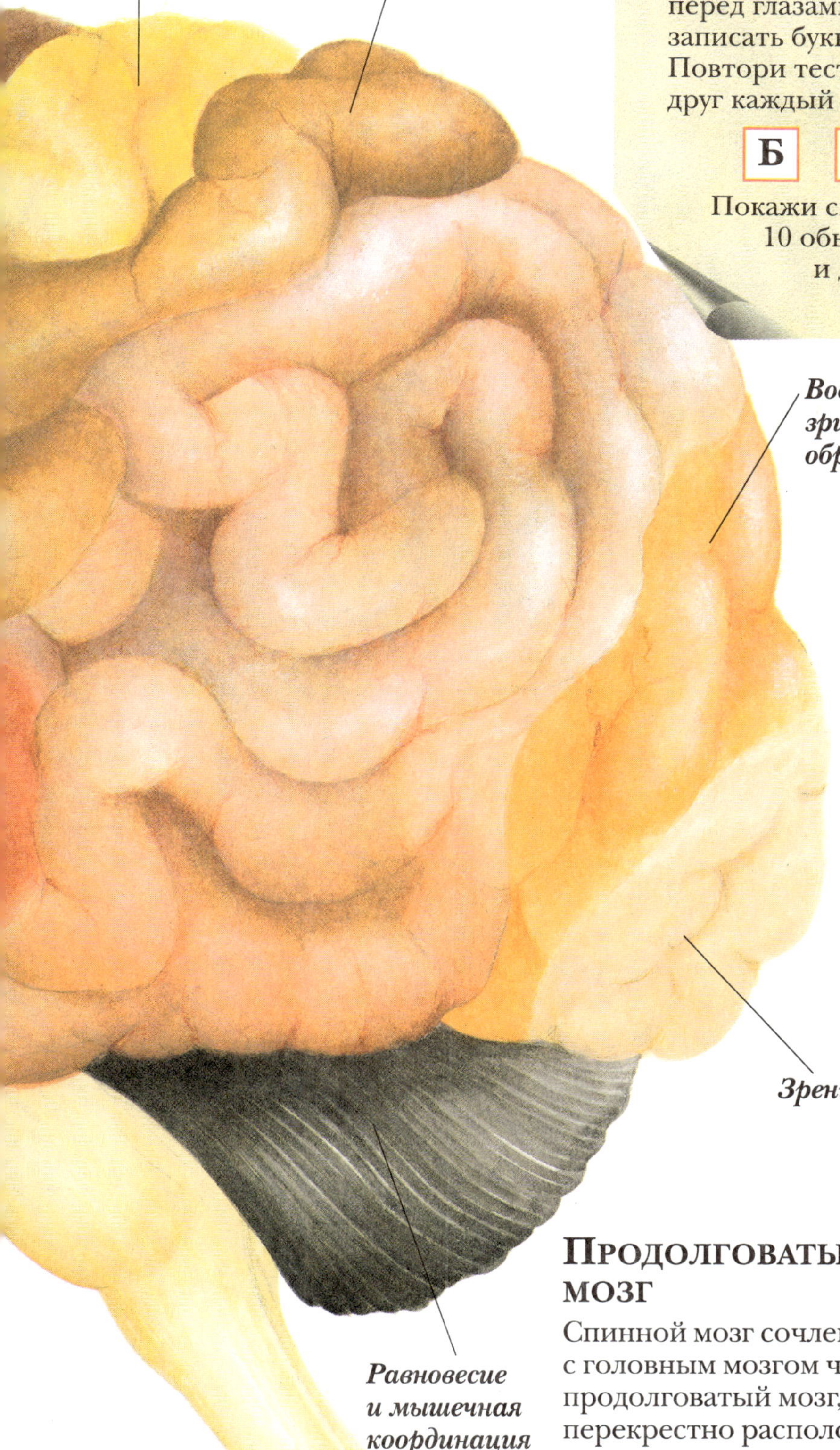

П•Р•О•В•Е•Д•И О•П•Ы•Т

Эти простые тесты помогут тебе проверить способность кратковременной памяти удерживать 5–7 элементов, взятых в случайной последовательности.

1) Подержи в течение трех секунд этот список букв перед глазами друга. Затем спрячь список и попроси его записать буквы в том же порядке на чистом листе. Повтори тест, изменив порядок букв. Сколько букв твой друг каждый раз писал правильно?

Б К Р Л Ф Ж Д

Покажи своему другу в течение одной минуты 10 обычных предметов (карандаш, бутылка и др.), а потом попроси его перечислить. Все ли он запомнил?

Как работает память

Кратковременная память позволяет нам запоминать информацию на то время, когда ее необходимо использовать. Эта память работает, например, тогда, когда надо вспомнить телефонный номер сразу после того, как прочли его. Долговременная же память способна удерживать информацию постоянно. Благодаря ей мы храним воспоминания о чем-либо и используем ее при обучении. Различные приемы запоминания (например, повторение) способствуют перемещению информации из первичной памяти в долговременную.

Продолговатый мозг

Спинной мозг сочленяется с головным мозгом через продолговатый мозг, чьи перекрестно расположенные нервные волокна соединяют левую сторону тела с правым полушарием головного мозга, а правую — с левым.

Что, кроме запахов, чувствует наш нос

Нос чувствует не только запахи. Благодаря ему можно различать и вкус пищи, которую едим. Когда мы ее пережевываем, отдельные частички – носители запаха – поднимаются в носоглотку. Там, на уровне глаз, находятся многочисленные обонятельные клетки, снабженные мельчайшими ресничками. Как только они входят в контакт с пахучими частичками пищи, клетки посылают в мозг импульс, соответствующий данному вкусу.

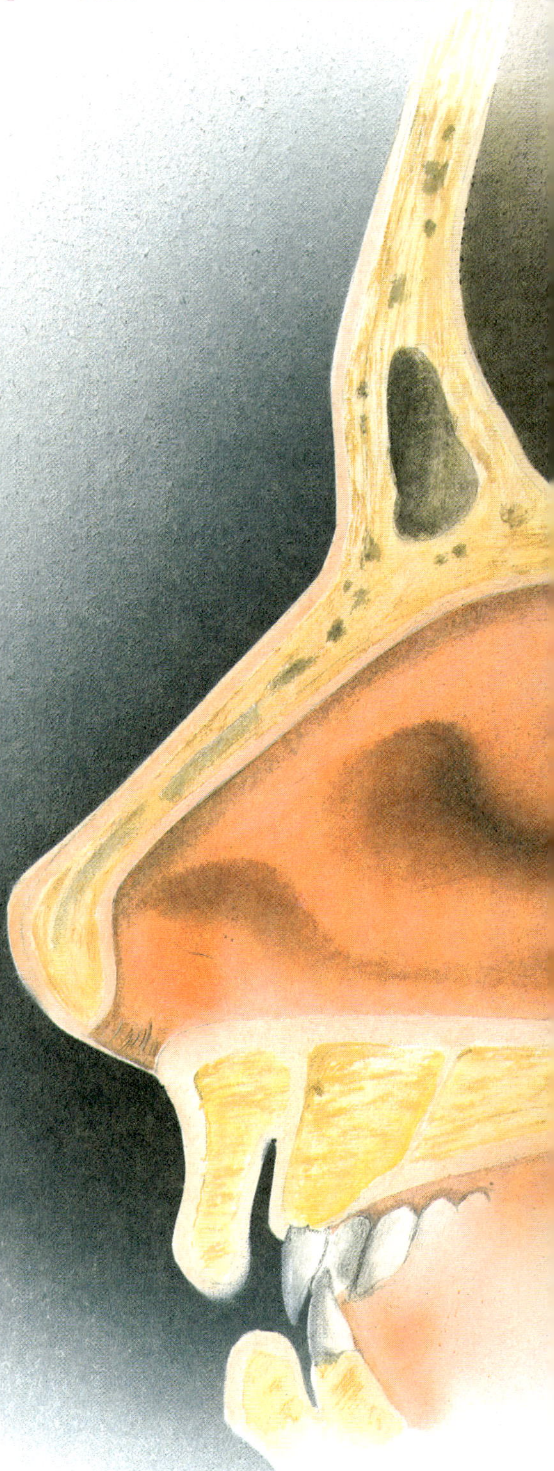

Запахи в воздухе

Запахи попадают к нам в нос через воздух. Отдельные молекулы пахучих веществ, попадая в наш нос, сначала опознаются специальными клетками, после чего полученная информация анализируется мозгом.

• КТО? КАК? КОГДА? •

Как устроен нос?

Нос образуют кость и хрящи. Два отверстия, через которые воздух попадает в наш организм, – это ноздри. Их отделяет друг от друга хрящевая носовая перегородка – стенка из хряща. Внутри носа находятся два носовых канала, сужающихся кверху и образующих два узких прохода, которые соединяются в глотке. Там расположены обонятельные рецепторы – клетки, распознающие запахи и вкусы.

Какие вкусы определяет язык

Язык покрыт клетками различного типа, среди которых есть рецепторы вкуса. Те, что расположены на его кончике, узнают сладкий вкус; на боковых сторонах языка – рецепторы соленого и кислого вкуса, горький же вкус различают клетки в основании языка.

П-Р-О-В-Е-Д-И О-П-Ы-Т

Почему во время насморка ты не чувствуешь запахи? Закрой глаза, зажми нос пальцами и попроси дать тебе попробовать сначала пюре из вареной моркови, потом из яблок и, наконец, картофельное пюре. Тебе будет очень трудно понять, какое пюре ты ешь, так как нос в этом случае не помогает языку, а тот умеет отличать лишь сладкое, горькое, соленое или кислое.

Вещества без запаха

Некоторые вещества, например минералы, крепко удерживают свои молекулы, и поэтому мы не чувствуем у них никакого запаха.

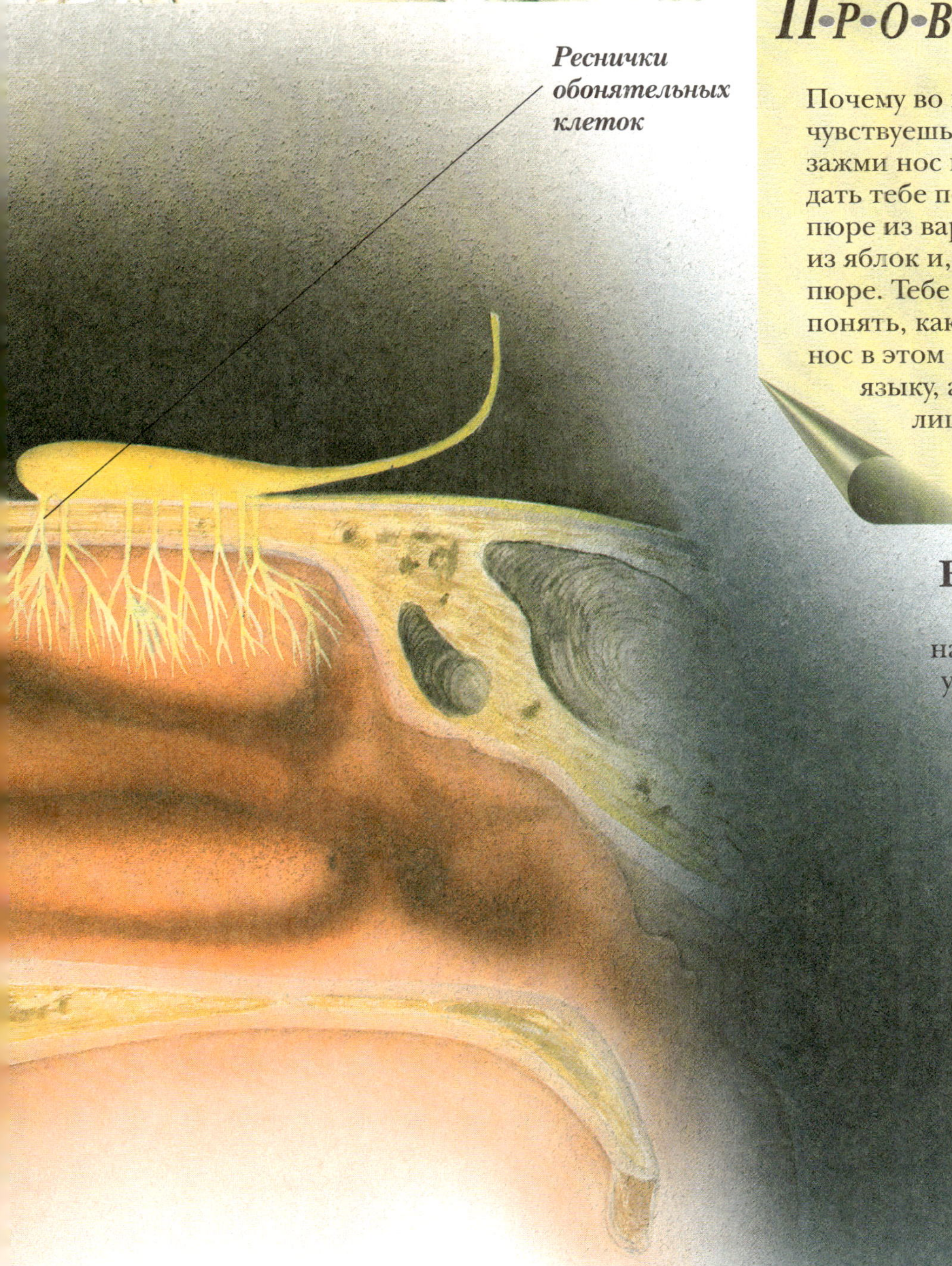

На языке, помимо рецепторов, распознающих вкусы (вкусовые сосочки), есть еще осязательные рецепторы, которые ощупывают все, что туда попадает. Язык служит нам для произнесения слов и помогает пережевывать и глотать пищу.

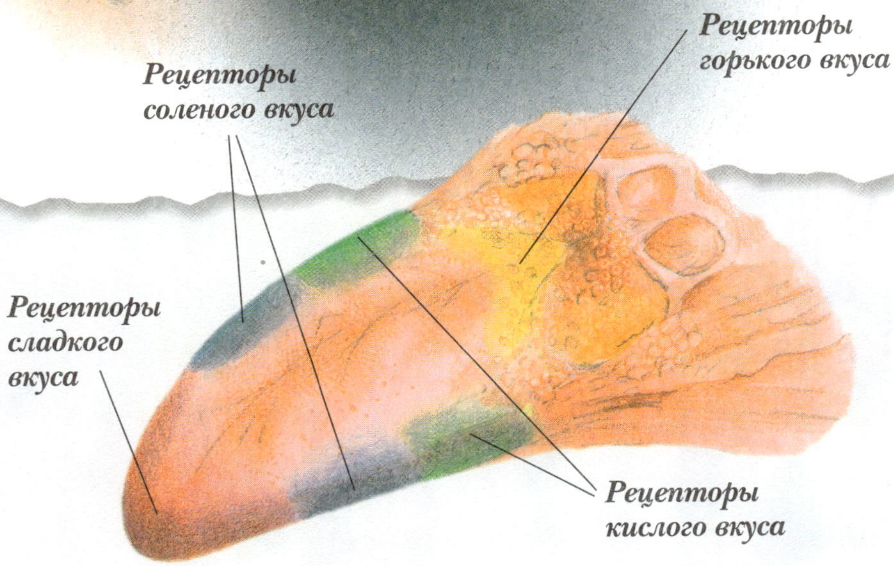

Как звуки достигают уха

Звуки образуются из-за колебаний воздуха, которые, в свою очередь, вызываются колебаниями предметов и тел. Звуковая волна распространяется концентрически и достигает уха, где ее вибрация движения улавливается и передается в мозг. Ты можешь представить себе колебания воздуха в виде волн, которые расходятся по воде, если бросить в нее камень.

Ц·и·ф·р·ы

- Длина слухового прохода – 2,5 см.
- Длина стремечка – одной из слуховых косточек – примерно 2,5–3 мм.
- Барабанная перепонка равна по размеру половинке ногтя на мизинце.
- Давление звуковой волны увеличивается в 20 раз при передаче от барабанной перепонки к внутреннему уху, чтобы активизировать клетки с ресничками, расположенные в улитке.

Что происходит внутри уха

Звуки улавливаются ушной раковиной, которая их направляет в слуховой проход и далее – в барабанную полость. Барабанная перепонка передает звуковую волну на слуховые косточки (молоточек, наковальню, стремечко) – самые мелкие части человеческого тела. Они, в свою очередь, передают колебания в жидкость, находящуюся в улитке внутреннего уха. Специальные клетки (слуховые рецепторы) преобразуют звук в нервный импульс и передают его в мозг, чтобы тот его распознал.

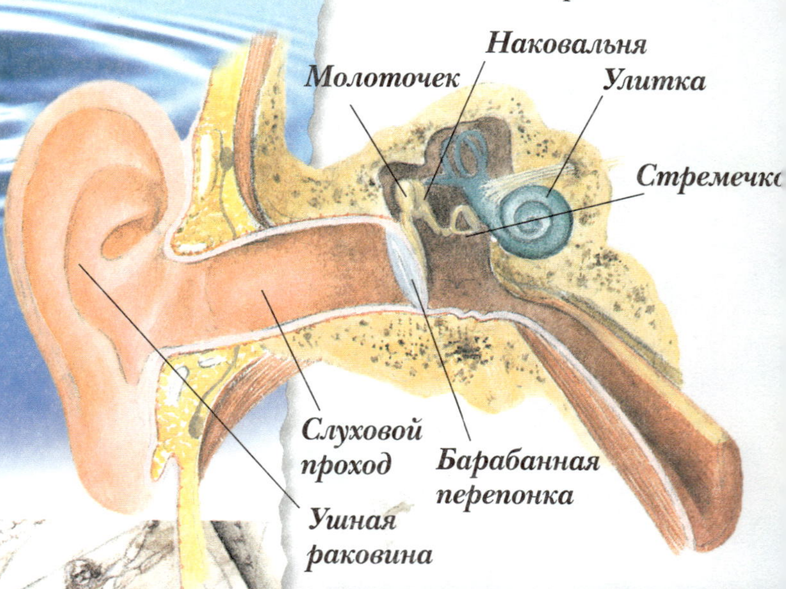

Все ли звуки слышит человеческое ухо

Звуки различаются по частоте, то есть по числу колебаний в секунду: большое количество колебаний в секунду производят высокие звуки и, наоборот, малое количество колебаний производят глухие и низкие звуки. Наше ухо слышит только звуки с частотой в диапазоне от 20 до 20 тыс. колебаний в секунду. Мы не слышим слишком низкие и слишком высокие звуки. Чтобы их воспринимать, человеческое ухо нуждается в усиливающих звук приборах: врач, например, чтобы услышать внутренние шумы в человеческом организме, пользуется стетоскопом.

Что такое ультразвук

Единицей измерения частоты является герц (Гц). Он равен одному колебанию в секунду. Ультразвук – это очень высокие звуки с частотой, превышающей 20 тыс. Гц. Писк летучей мыши производит ультразвуковые волны. Она умеет определять расстояние до препятствия или добычи по времени, которое затратил звук на путь от нее до объекта и обратно. Косатки и дельфины также воспринимают звуки частотой до 200 тыс. Гц. Дрессировщики собак используют специальные свистки, издающие звуки, недоступные для человеческого уха. Ведь собаки могут различать частоты до 40 тыс. Гц. Инфразвук имеет частоту ниже 20 Гц. Такие низкие звуки бывают при землетрясении.

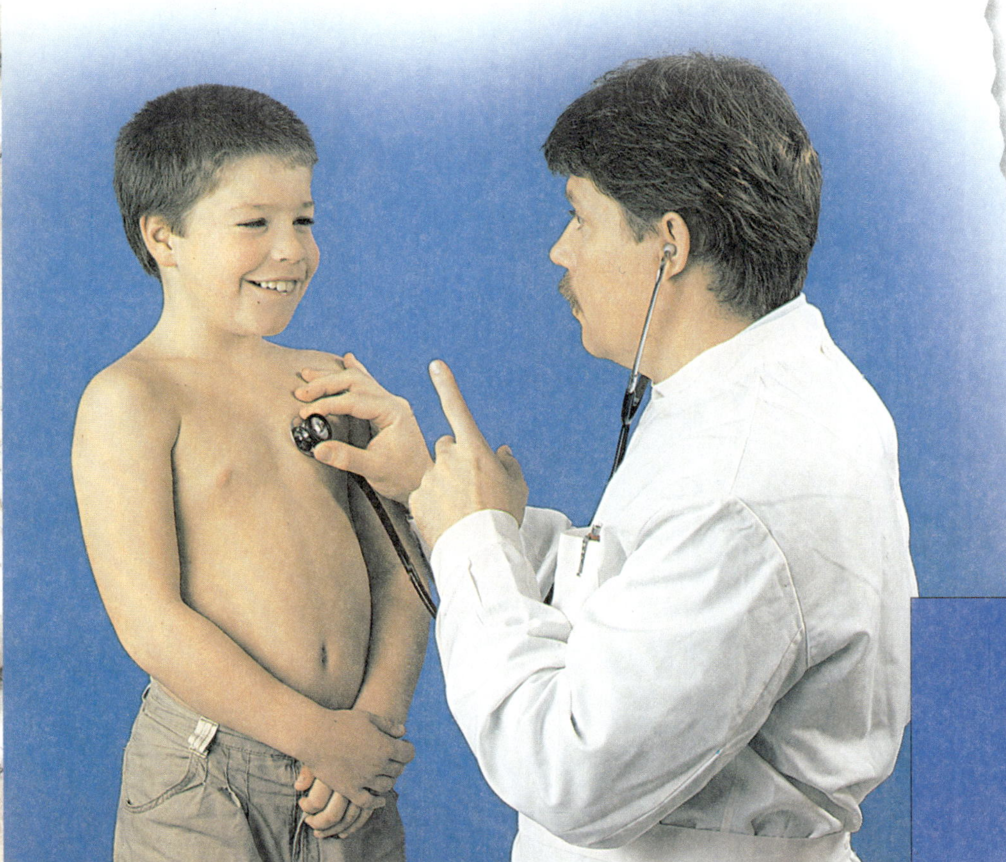

Почему мы не видим в темноте

Фотоаппарат способен запечатлевать изображение на пленке только при наличии света. Так и наши глаза различают контуры и цвета предметов, если от них исходит прямой или отраженный свет. Если же света очень мало, глаз все равно может видеть, но лишь очертания предметов. В темноте зрачок расширяется, улавливая больше света. Техническая мысль смогла преодолеть ограничения нашего зрения, создав различные оптические приборы (бинокль, очки, оптический прицел и др.), работающие в диапазоне даже инфракрасных лучей: они улавливают в темноте тепловое излучение тела или предмета и передают его глазу в виде светящихся точек.

Почему у кошек светятся глаза

Некоторые животные, например кошки, хорошо видят почти в полной темноте, так как в их глазах присутствует много клеток, способных улавливать даже очень слабые лучи света и отражать их на сетчатке. При этом кошачьи глаза светятся в темноте.

Как устроен глаз

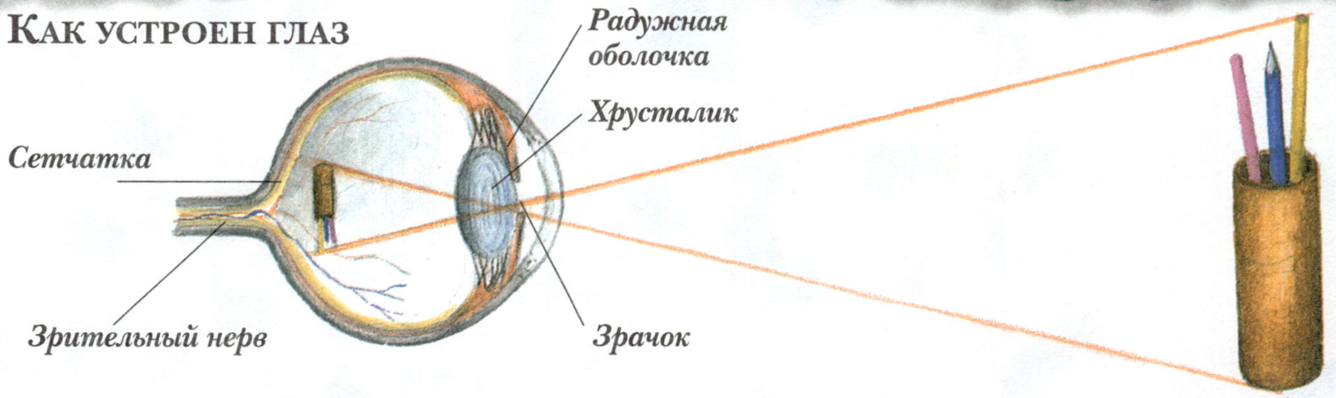

ПРОВЕДИ ОПЫТ

Мозг воспринимает изображения, анализирует, сравнивает с другими, распознает и запоминает. Выполняя эти операции, он в любом случае ограничен предыдущим опытом, то есть обращается к уже известным ему фигурам: заканчивает недорисованные линии, воображает невидимые формы.
Посмотри на эти изображения. Сколько треугольников ты видишь? Какие буквы узнаешь?

В передней части глаза видны радужная оболочка (цветная часть), окружающая маленькое круглое отверстие — зрачок. Когда ты смотришь на предмет, свет отражается от него и попадает тебе в глаз через зрачок, проходит сквозь хрусталик — линзу, фокусирующую изображение, и, наконец, достигает сетчатки. Сетчатка — это своеобразный экран из нервных окончаний, на котором изображение перевернуто вверх ногами. Клетки сетчатки преобразуют световые сигналы в электрические и передают их по зрительному нерву в мозг: здесь информация обрабатывается и распознается зрительный образ.

Почему мы чувствуем боль

Кожа – это драгоценность каждого человека. Она мягкая, эластичная и непромокаемая. Кожа состоит из нескольких слоев. Под верхним слоем – эпидермисом – находится собственно кожа, или дерма. В ней содержатся осязательные тельца, которые помогают нам воспринимать различные ощущения. Эти нервные окончания отвечают за передачу ощущения боли, когда мы чувствуем, что нас укусило насекомое, мы обо что-то ударились, обожглись и др. Чувствительность кожи к боли неодинакова на разных участках тела. Пятка, например, место малочувствительное, голова, напротив, подвержена болям, а руки и ноги имеют среднюю чувствительность.

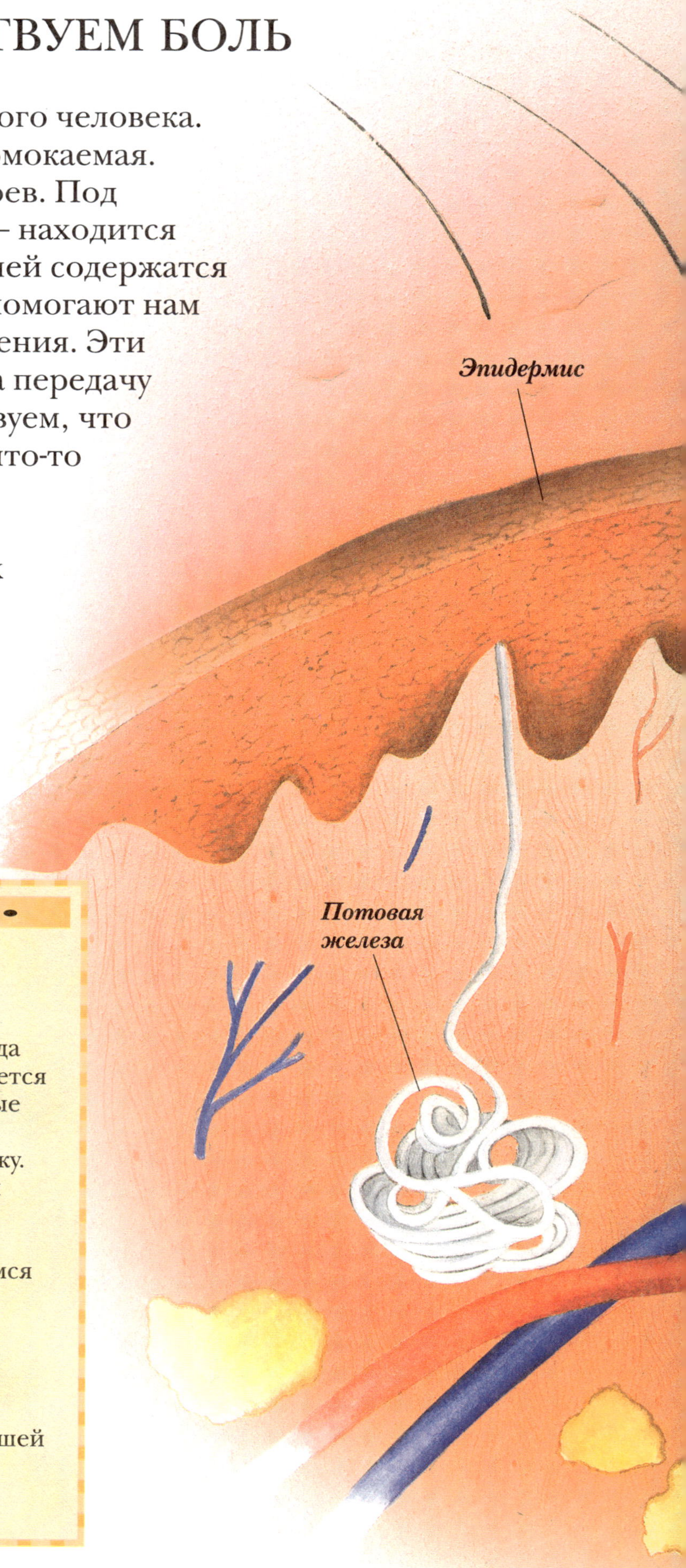

• КТО? КАК? ЗАЧЕМ? •

Зачем нужна кожа?

Кожа помогает сохранить постоянную температуру тела: примерно 37 °C. Когда вокруг жарко или когда тело разогревается в результате каких-либо усилий, потовые железы, находящиеся в дерме, вырабатывают пот, чтобы охладить кожу. Когда же вокруг холодно (или если нам страшно), мышечные волокна в коже сокращаются, чтобы сохранить тепло, а волоски встают дыбом: мы покрываемся «гусиной кожей», говоря, что по коже «мурашки бегают»!
Самый глубокий слой кожи составляет жировая прослойка, она защищает нас от холода и ударов. А сальные железы выделяют кожное сало, что придает нашей коже мягкость.

Ц•И•Ф•Р•Ы

• В 1 см³ кожи содержится:
– 65 мелких мускулов, связанных с таким же количеством волосков;
– 70 рецепторов, воспринимающих тепло;
– 15 рецепторов, воспринимающих холод;
– 100 сальных желез;
– более 500 потовых желез;
– десятки миллионов клеток.

• Кожа является достаточно «тяжелым» органом человеческого тела: у взрослого человека она весит от 4 до 9 кг.

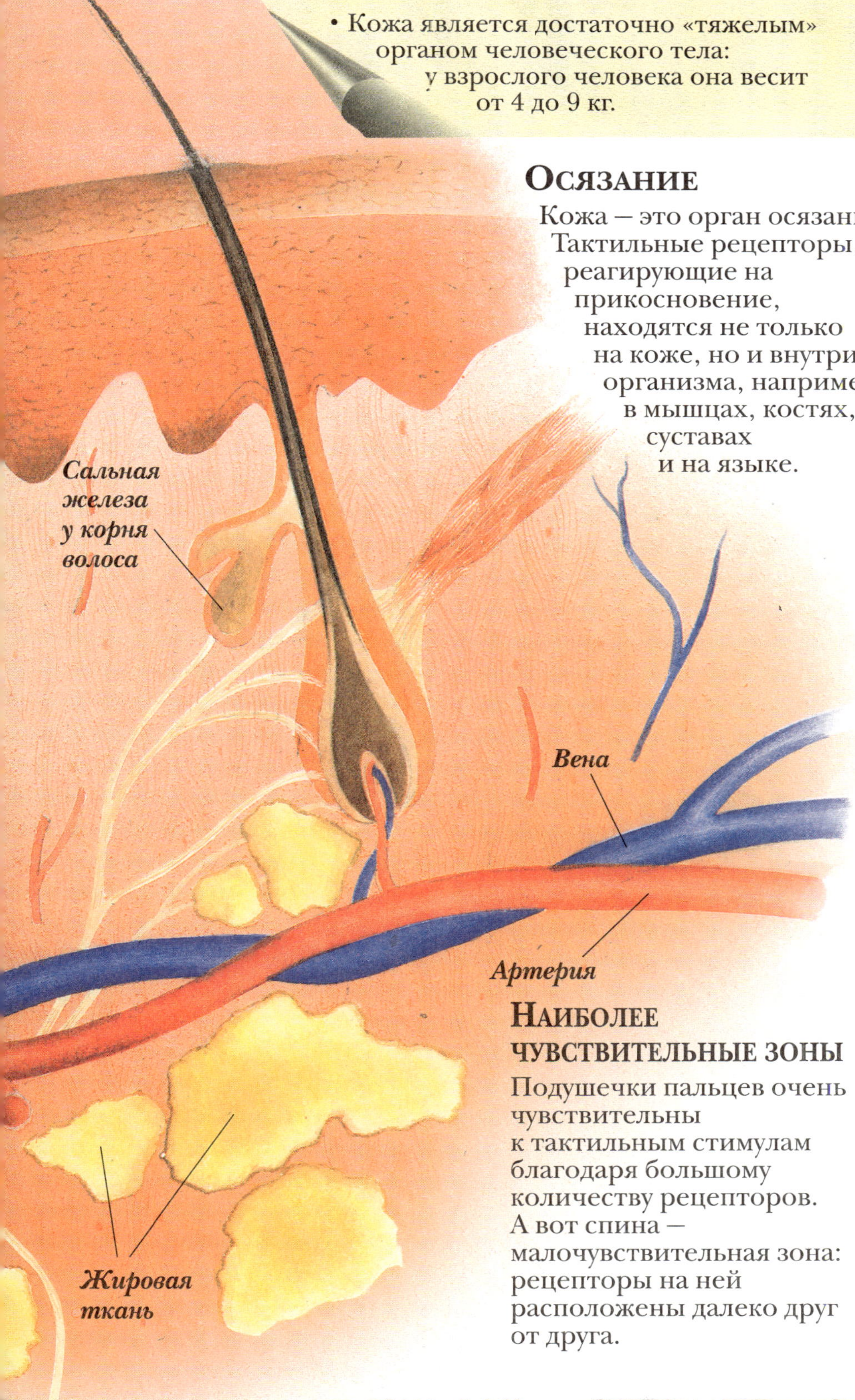

Осязание

Кожа – это орган осязания. Тактильные рецепторы, реагирующие на прикосновение, находятся не только на коже, но и внутри организма, например в мышцах, костях, суставах и на языке.

Наиболее чувствительные зоны

Подушечки пальцев очень чувствительны к тактильным стимулам благодаря большому количеству рецепторов. А вот спина – малочувствительная зона: рецепторы на ней расположены далеко друг от друга.

Что мы можем определить на ощупь

Холодное, горячее, гладкое, шероховатое, легкое, тяжелое... Каждый внешний стимул воздействует на рецепторы в слое дермы, которые посылают сигналы в мозг. Вблизи верхнего слоя кожи находятся тельца Майсснера, которые обеспечивают «тонкое осязание», реагируя на малейший контакт кожи с чем-либо.

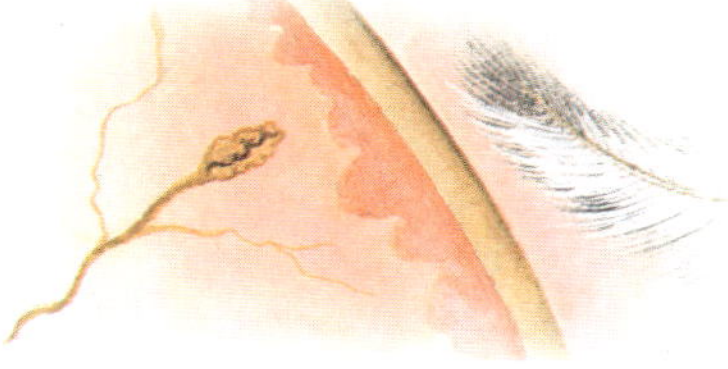

Чуть глубже находятся тельца Пачини. Они сигнализируют нам о давлении на кожу. Однако если давление легкое и постоянное, как от ремешка с часами или от одежды, тельца привыкают к нему, и сигнал через некоторое время ослабевает.

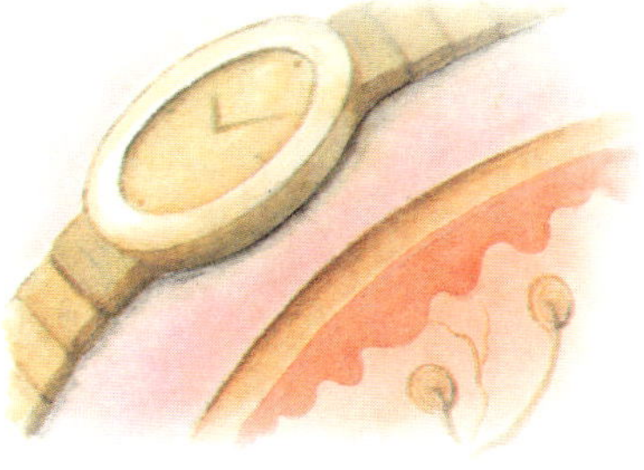

Тельца Руффини и Краузе реагируют на повышение и понижение температуры. Благодаря им мы чувствуем тепло или холод.

Почему кожа у людей бывает разного цвета

Отдельные клетки кожи содержат темный пигмент, меланин, ответственный за цвет кожи. В одних типах кожи он содержится в больших количествах – она очень темная, а там, где его мало, – светлая. Темная кожа лучше защищена от солнечных лучей, а светлая – легко обгорает. В коже ладоней и подошв мало меланина, а веснушки на лице – это маленькие островки, в которых, наоборот, сконцентрировалось много меланина.

Как мы загораем

Солнечные лучи содержат ультрафиолет (UV) и стимулируют выделение натурального кожного красителя меланина. Чтобы не пострадать от солнечных лучей, кожа защищает организм, становясь более темной. Если человек со светлой кожей слишком много времени проведет на солнце, ультрафиолетовые лучи могут вызвать у него ожоги. Специальные кремы от загара защищают кожу от опасных ожогов.

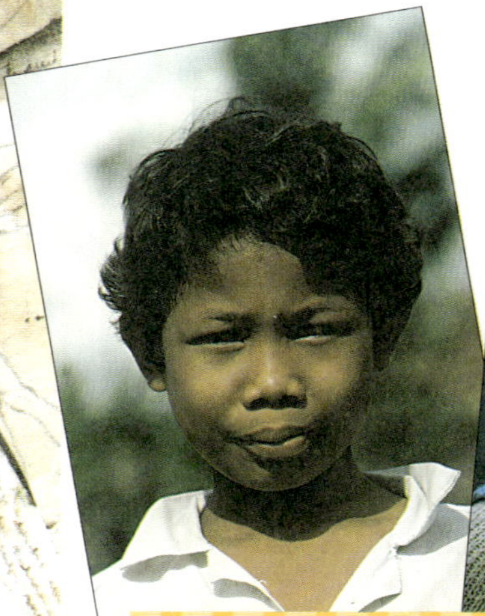

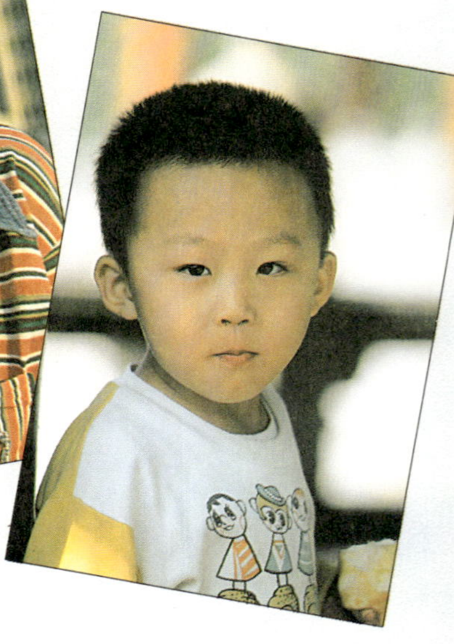

• Кто? Как? Когда? •

Одинакова ли кожа на разных частях тела?

Толщина кожи не везде одинаковая. На веках она очень тонкая, а в местах, которые часто соприкасаются с твердой поверхностью, кожа толще, например на ладонях, кончиках пальцев и стопах.

Зачем нужны волосы и волоски

Тело человека почти полностью покрыто волосками, но, в отличие от многих других млекопитающих, наш волосяной покров не очень густ. Некоторые волоски на теле такие тонкие, что их почти не видно. Каждый волос или волосок рождается в маленькой волосяной сумке в эпидермисе – фолликуле, скрытой в коже. Живой является только корневая часть, скрытая в коже. Видимая часть волоса состоит из уже омертвевших клеток. Кудрявые волосы образуются из уплощенных фолликулов, а прямые – из округлых. Цвет волос, так же как и кожа, зависит от количества меланина: его мало у блондинов, но он в избытке присутствует в организме темноволосых людей.

Жизнь волоса

Обновление волос происходит постоянно, в три фазы: первая фаза – формирование и рост – длится два-три года; в ходе второй фазы корень волоса отмирает, а волос выпадает; третья фаза – появление нового волоса на месте выпавшего.

Ц•и•ф•р•ы

- Каждый день мы теряем около 80 волос.
- Если ногти не стричь, они могут достичь тридцатисантиметровой длины.
- Ногти на руках полностью обновляются каждые шесть месяцев.
- У человека на теле около 5 млн. волосков.
- Ресницы обновляются каждые шесть месяцев.

Зачем нужны ногти

Ногти защищают и укрепляют кончики пальцев рук и ног. Ногти на руках помогают нам захватывать очень мелкие предметы и... чесаться.
Они состоят из того же вещества, что и волосы: кератина, твердого белка, постоянно производимого кожей. Ногти воспринимают тактильные сигналы, но стричь их, так же как и волосы, не больно, потому что они состоят из мертвых клеток. Ногти на руках растут быстрее, чем на ногах.

Что происходит с проглоченной нами пищей

Пища начинает свой путь во рту, где ее размельчают зубы и смачивает слюна. Затем через глотку и по пищеводу достигает желудка, в котором обрабатывается желудочным соком и разлагается на более простые вещества. Во время пути по извилистому кишечнику эти вещества всасываются и попадают в кровь, которая разносит их по всему организму: одни пригодятся клеткам для питания и воспроизведения, другие снабдят организм энергией, необходимой для мыслительной работы и ходьбы. Те, которые не понадобились, будут удалены организмом с естественными отходами.

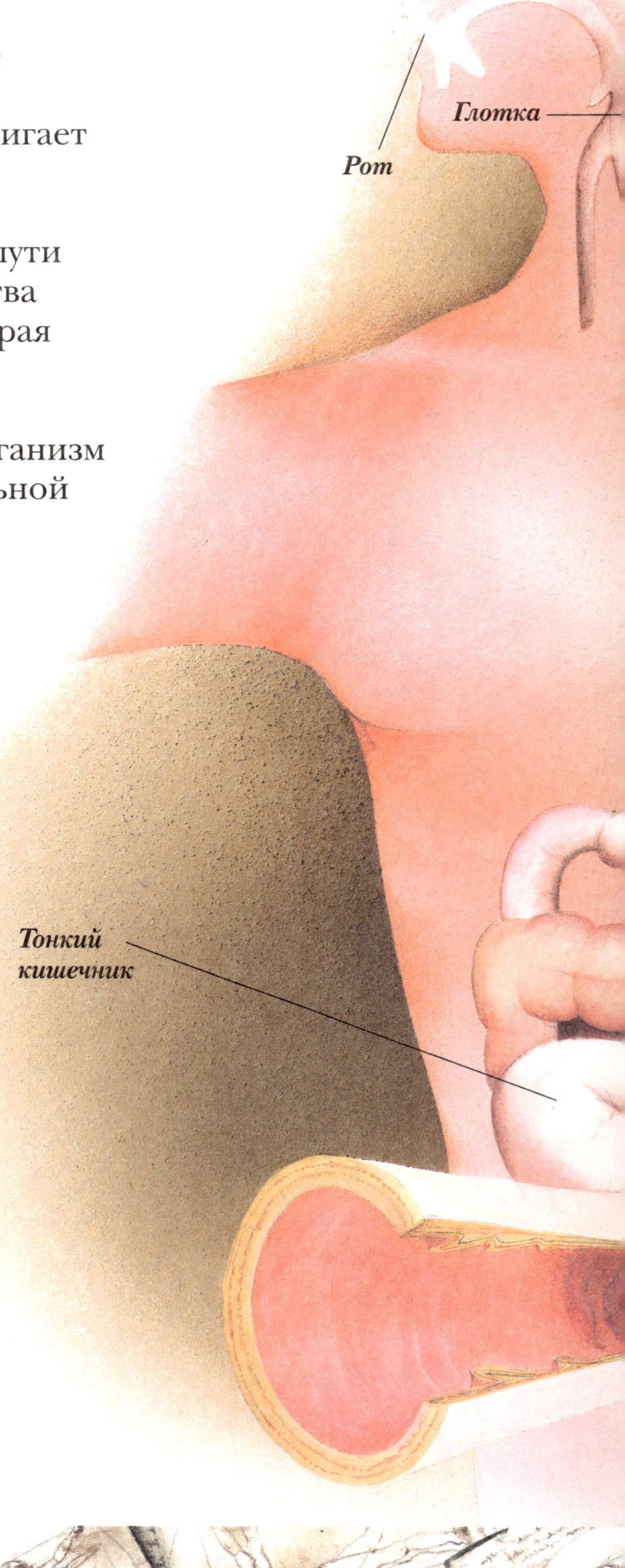

Кишечные ворсинки

Это мельчайшие наросты на стенках кишечника, которые всасывают питательные вещества и переправляют их в кровь.

• КАК? КОГДА? ПОЧЕМУ? •

Почему зубы разные?

У взрослого человека 32 зуба. Они подразделяются на четыре типа: 8 резцов и 4 клыка предназначены для откусывания пищи; 8 малых коренных и 12 коренных зубов служат для пережевывания.
У детей всего 20 зубов, которые называют молочными. В возрасте от 5 до 12 лет они выпадают, а на их месте вырастают постоянные зубы – коренные.

Ц•И•Ф•Р•Ы

• Пища в зависимости от ее состава может находиться в желудке от 2 до 5 часов.
• Длина кишечника составляет 7 м.
• Количество кишечных ворсинок достигает почти 5 млн.
• В год взрослый человек съедает примерно 500 кг пищи.

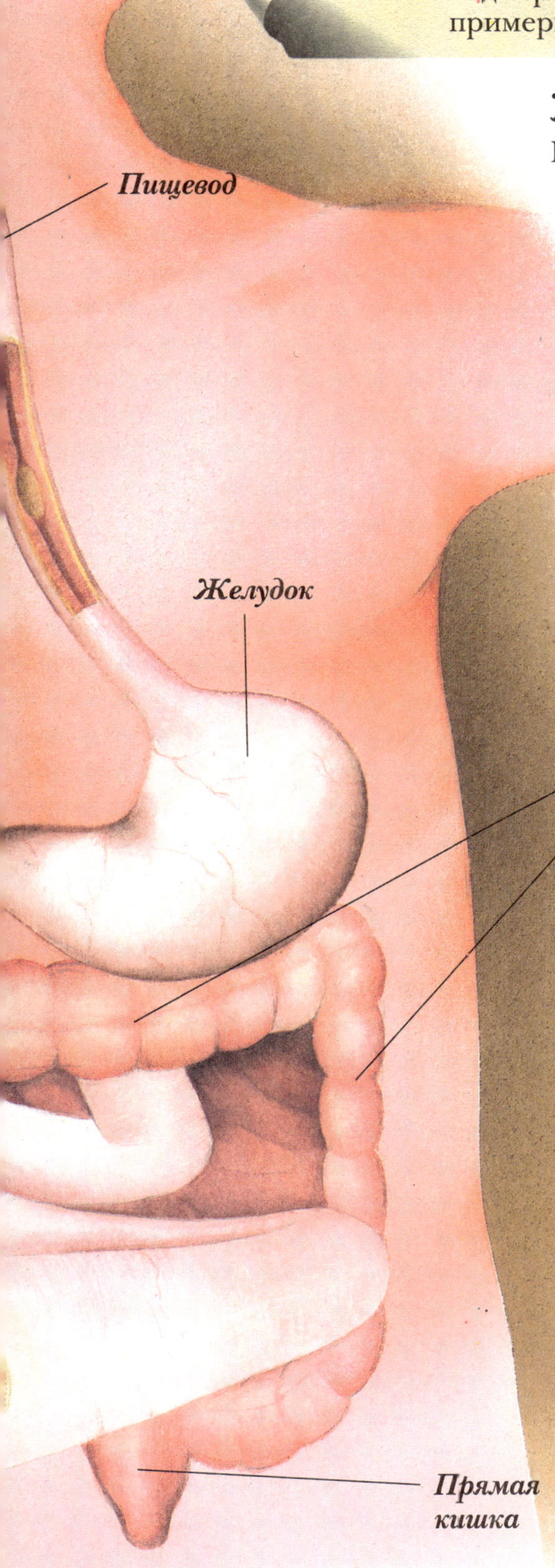

Желудочный сок

В ходе пищеварения в желудке выделяется желудочный сок, который помогает расщеплять еду. Он обладает разъедающим действием, но не повреждает стенки желудка, так как они покрыты защитным слоем слизи.

Кишечник

Это длинная, уложенная петлями трубка, состоящая из трех отделов: тонкий кишечник, где проходит процесс пищеварения, толстый кишечник, где поглощается влага и соли из веществ, уже не подлежащих перевариванию, и прямая кишка — последний отрезок пищеварительного тракта, в ней продукты отхода формируются в фекалии.

Почему пища должна быть разнообразной

Чтобы быть сильным и здоровым, организму нужны разнообразные вещества.

Макароны, хлеб, сахар, фрукты и овощи поставляют организму углеводы, необходимые для быстрого производства энергии. Растительное и сливочное масло, маргарин — это жиры, которые образуют резервные ткани. Организм преобразует их в энергию гораздо медленнее.

Мясо, рыба, сыр и яйца богаты белками, необходимыми для роста и поддержания организма в хорошей форме.

Фрукты и овощи снабжают нас полезными для здоровья витаминами, минералами, укрепляющими кости, а также необходимой для кишечника клетчаткой.

Вода составляет значительную часть тканей организма, но так как с пищей внутрь поступает недостаточное количество воды, приходится восполнять ее недостаток питьем.

Почему мы дышим

Каждая клетка нашего организма представляет собой маленькую лабораторию, в которой происходят различные химические работы. Для их выполнения клетка нуждается в энергии и получает ее, «сжигая» питательные вещества (белки, жиры и сахара). Для этого ей нужен кислород, который поступает в организм при дыхании: воздух через нос или рот попадает в трахею, достигает бронхов и, наконец, оказывается в легочных альвеолах. Здесь кровь забирает из него кислород и выбрасывает углекислый газ — отходы клеточной работы. Весь этот процесс осуществляется в считанные секунды, за один наш вдох.

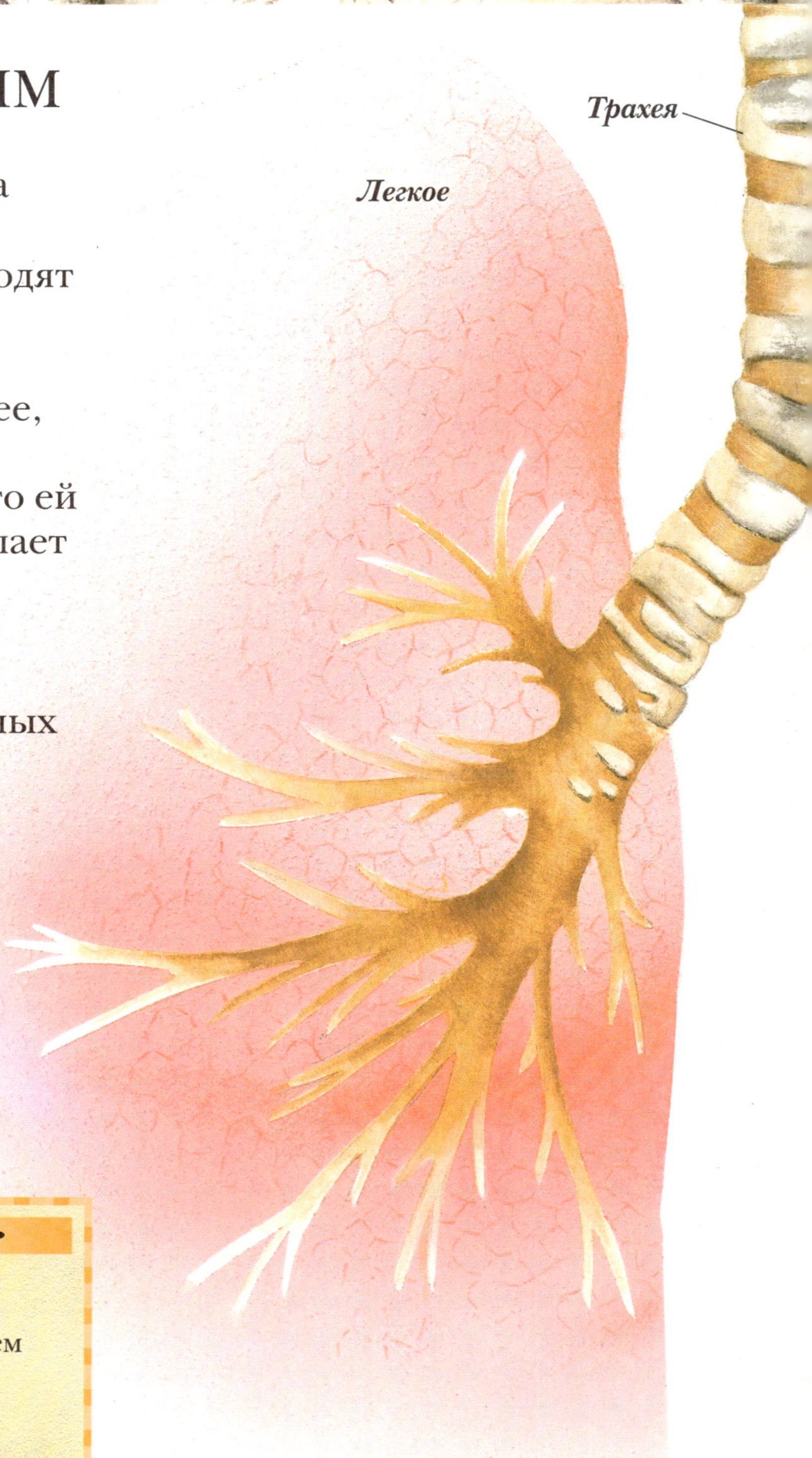

• ГДЕ? КАК? КОГДА? •

Где возникает наш голос?

В гортани, которую мы обычно называем горлом, расположены маленькие перепонки из прочной и эластичной ткани — это голосовые связки, которые напрягаются, когда через них проходит воздух, вибрируют и издают звуки. Мы можем формировать из этих звуков слоги, а затем и слова — в зависимости от положения языка, губ и зубов. Высота звука зависит от силы напряжения голосовых связок: если они не сильно натянуты — звуки низкие; в обратном случае они высокие. На качество звука можно влиять при помощи рта или носа: когда ты говоришь с зажатым носом, голос меняется.

Почему мы зеваем

Ритм нашего дыхания иногда меняется. Если мы устали или нервничаем, то дышим поверхностно. Зевота нужна для того, чтобы обеспечить организм большим количеством кислорода, загоняя воздух в легочные альвеолы и одновременно выталкивая накопившийся в них углекислый газ.

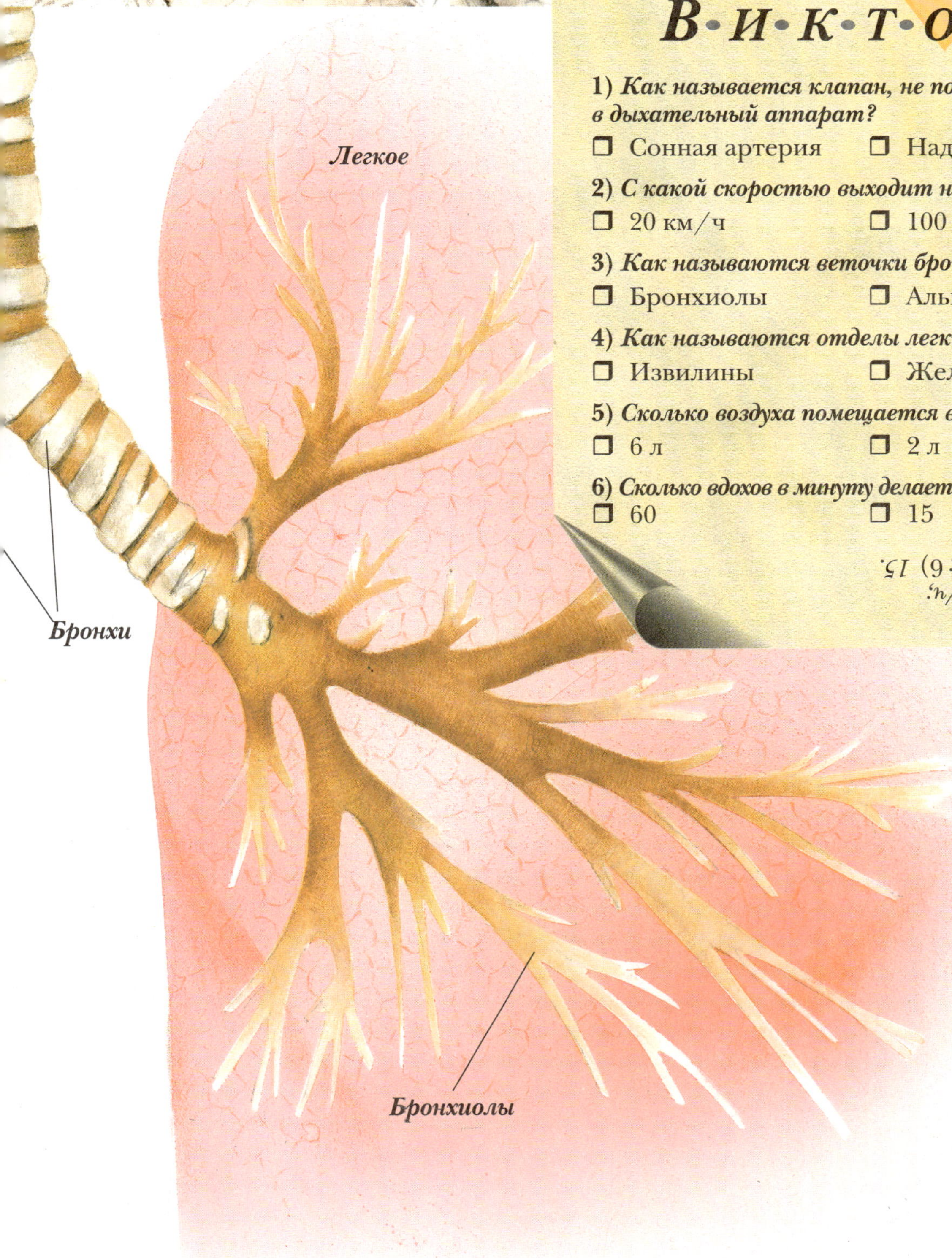

В·И·К·Т·О·Р·И·Н·А

1) ***Как называется клапан, не позволяющий пище попадать в дыхательный аппарат?***

- ❒ Сонная артерия
- ❒ Надгортанник
- ❒ Гипофиз

2) ***С какой скоростью выходит наружу воздух при кашле?***

- ❒ 20 км/ч
- ❒ 100 км/ч
- ❒ 2 км/ч

3) ***Как называются веточки бронхов?***

- ❒ Бронхиолы
- ❒ Альвеолы
- ❒ Капилляры

4) ***Как называются отделы легких?***

- ❒ Извилины
- ❒ Желудочки
- ❒ Доли

5) ***Сколько воздуха помещается в легких человека?***

- ❒ 6 л
- ❒ 2 л
- ❒ 10 л

6) ***Сколько вдохов в минуту делает человек в состоянии отдыха?***

- ❒ 60
- ❒ 15
- ❒ 35

Ответы:
1) *надгортанник;* 2) *100 км/ч;* 3) *бронхиолы;* 4) *доли;* 5) *6 л;* 6) *15.*

Дыхательные движения

Вдыхая, мы впускаем в легкие воздух, который насыщает нашу кровь кислородом. Когда выдыхаем, из легких уходит углекислый газ, вещество, произведенное клетками и вредное для организма. Когда легкие наполняются воздухом, грудная клетка расширяется, а когда воздух выходит, грудная клетка принимает исходные размеры.

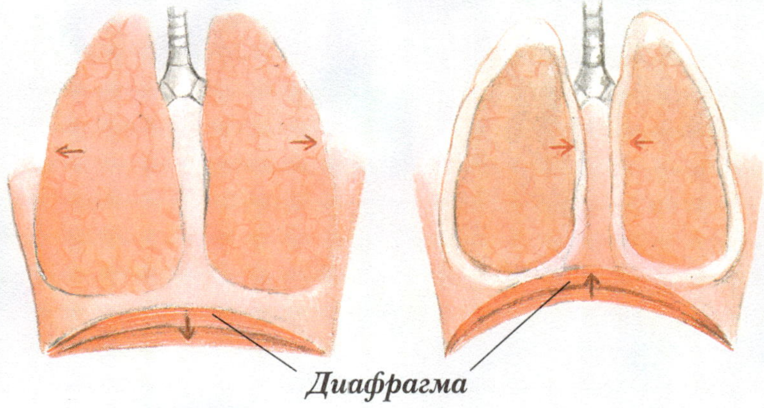

Чихание и кашель сопровождаются резким выбросом воздуха, вызванным необходимостью удалить из организма все, что раздражает дыхательные пути. Икоту же вызывает резкое и неожиданное опускание диафрагмы — мышечной перегородки, отделяющей грудную полость от брюшной и регулирующей дыхательные движения.

Какие «обязанности» у крови

Кровь обеспечивает в организме распределение кислорода и питательных веществ, в которых нуждаются клетки. Кроме того, она поддерживает в теле постоянную температуру, а также защищает организм от болезней, сражаясь с инфекциями. Кровь течет по кровеносным сосудам: разветвленной сети широких и узких каналов, достигающих длины 1 тыс. км. Свое путешествие она совершает по двум маршрутам – артериям по направлению от сердца и венам – к сердцу. Сердце направляет артериальную кровь в отдаленные от него участки тела. Это обогащенная кислородом из легких и питательными веществами из кишечника кровь. По венозному кровотоку она возвращается в сердце, чтобы обогатиться кислородом. Эта кровь нагружена отходами, которые потом будут удалены из организма.

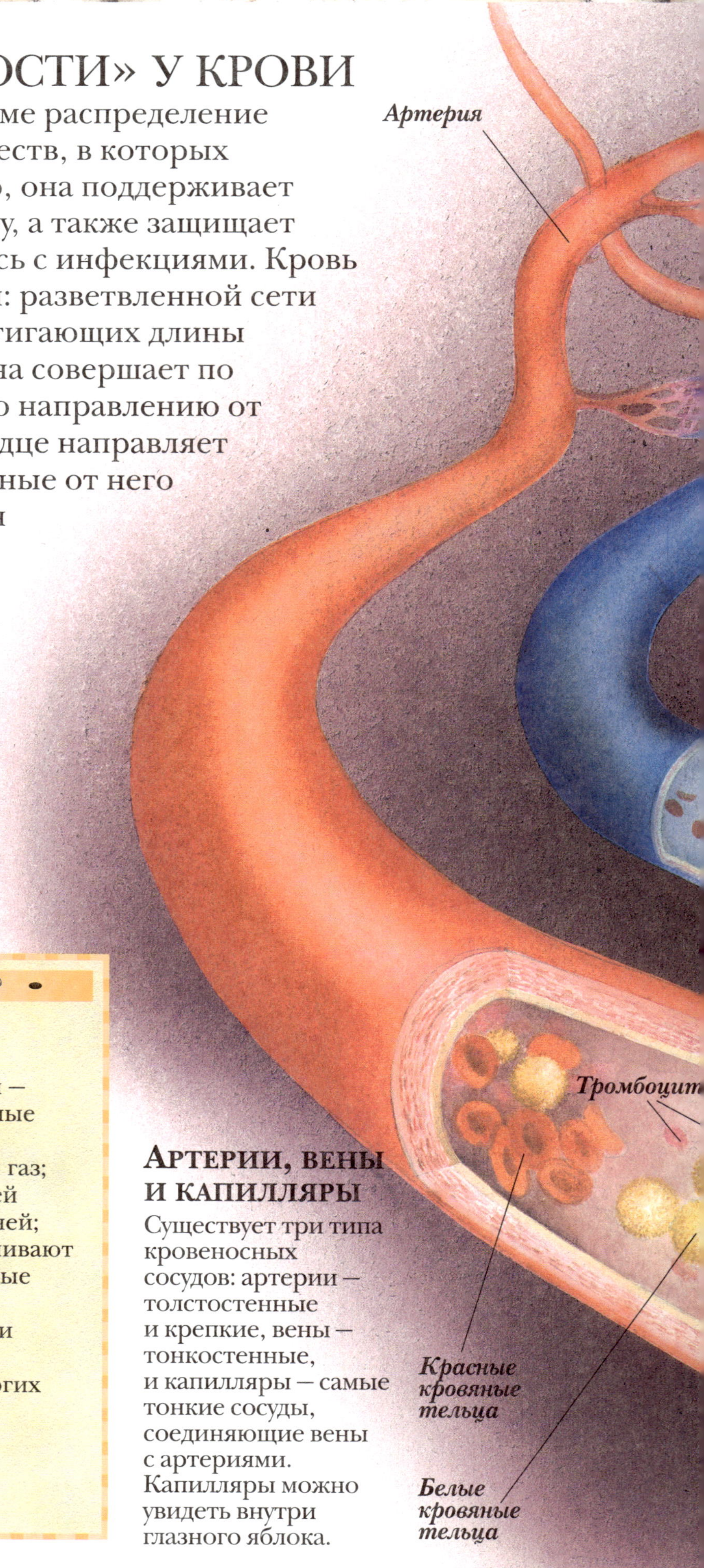

• КТО? КАК? КОГДА? •

Из чего состоит кровь?

Кровь состоит в основном из плазмы – жидкости, в которой плавают кровяные клетки – красные кровяные тельца, переносящие кислород и углекислый газ; и белые кровяные тельца – их задачей является защита организма от болезней; также тромбоциты, которые обеспечивают свертываемость крови. Когда кровяные клетки умирают, печень и селезенка их перерабатывают. Кровяные клетки производятся костным мозгом – веществом, находящимся внутри многих костей.

Артерии, вены и капилляры

Существует три типа кровеносных сосудов: артерии – толстостенные и крепкие, вены – тонкостенные, и капилляры – самые тонкие сосуды, соединяющие вены с артериями. Капилляры можно увидеть внутри глазного яблока.

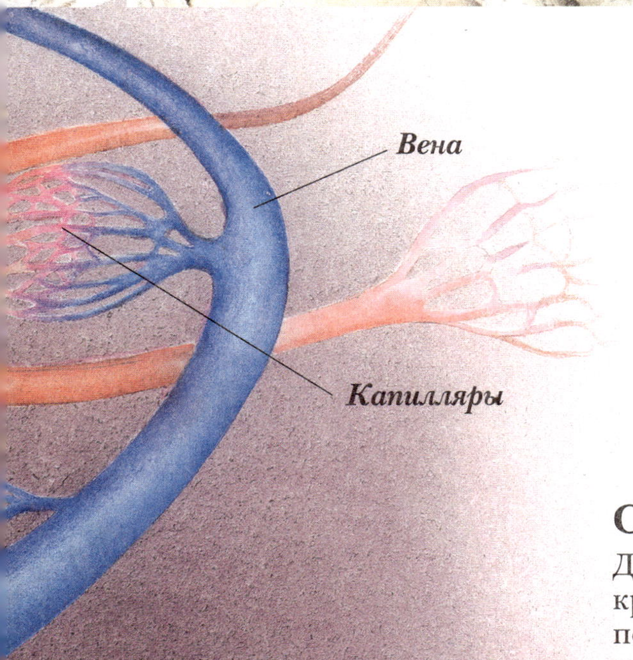

Ц·И·Ф·Р·Ы

- Если бы мы могли проследить за перемещением какой-нибудь одной капли крови, то увидели бы, что она проходит через сердце более тысячи раз в день.
- Сердце совершает в день более 100 тыс. ударов.
- В системе кровообращения взрослого человека циркулирует 4,5 л крови.
- Сердце новорожденного ребенка бьется с частотой 130—140 ударов в минуту, у взрослого человека частота сердцебиения – 60—80 раз в минуту.
- В 1 $мм^3$ крови содержится около 5 млн. красных кровяных телец.

Очистка крови

Двигаясь по организму, кровь проходит через печень, самую крупную железу нашего организма (она весит в среднем 1,5 кг), расположенную в правой части брюшной полости. В печени кровь очищается от возможных бактерий и ядовитых веществ (например, лекарств и даже ядов).

Почему сердце бьется

Сердце – это большая мышца, которая непрерывно сокращается. Оно отдаленно напоминает кулак и расположено между двумя легкими. У сердца 4 камеры: 2 предсердия (правое и левое) и 2 желудочка (правый и левый) позволяют отделять богатую кислородом и питательными веществами кровь, циркулирующую в артериях, от венозной крови, засоренной отходами. Каждое сердцебиение включает две фазы: в первой сердце наполняется кровью, а во второй выталкивается оттуда.

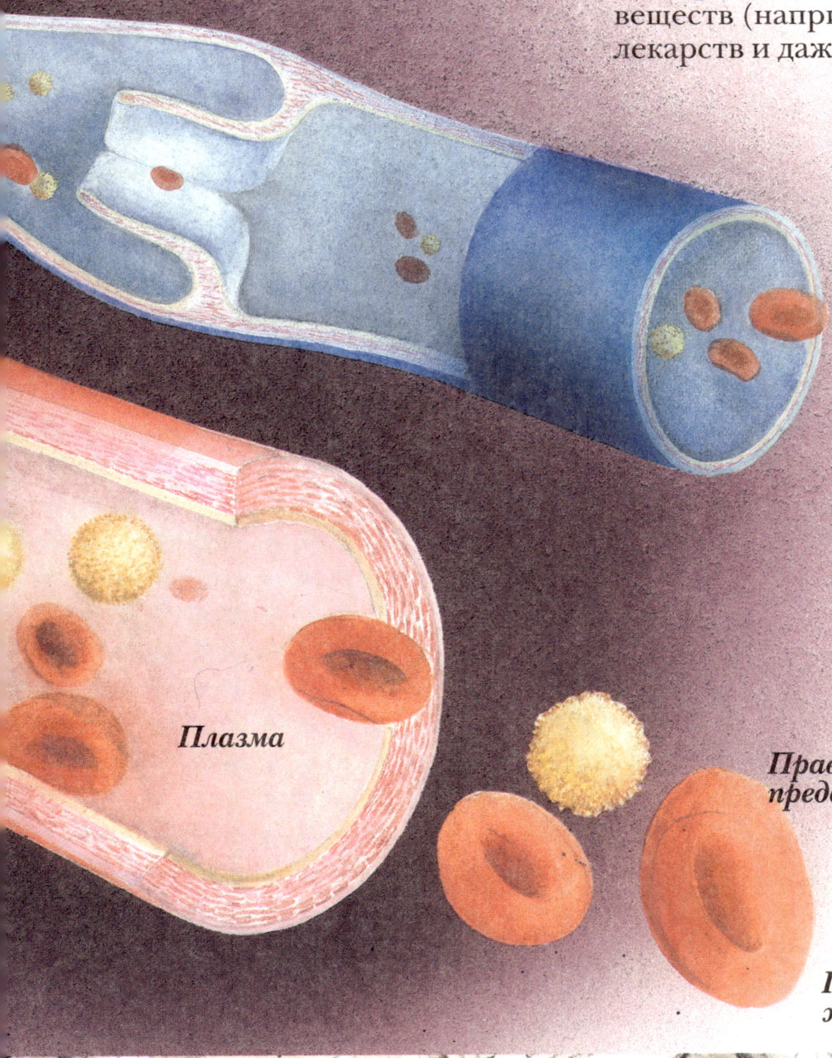

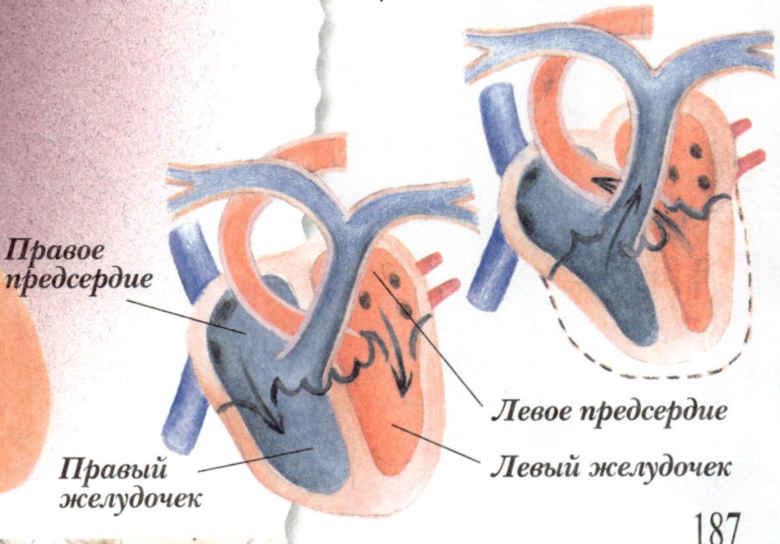

Почему мы потеем

Основное назначение пота – орошать кожу для того, чтобы тело сохраняло свою постоянную температуру. Потоотделение также дополняет работу почек: вместе с потом организм выделяет ядовитые вещества, накопившиеся в организме. Одной из распространенных процедур, укрепляющих здоровье, является интенсивное потение в сауне, где температура воздуха часто достигает 100 °С. Его цель: вывести из организма шлаки.

Ц•И•Ф•Р•Ы

- Почки ежедневно очищают почти 500 л крови.
- Организм человека выделяет в день около 1,5 л мочи; ее количество зависит от количества выпитой жидкости.
- Длина почки составляет 12 см, ширина – 5 см.
- Мочевой пузырь вмещает до 300 мл мочи.

Как очищается наш организм

Моча выводит из организма ненужные или даже вредные вещества. Ее производят почки – два органа, имеющих форму фасоли. Это фильтры, через которые проходит вся кровь, циркулирующая в нашем организме. Она накапливается в мочевом пузыре – мешочке, который связывают с почками две трубочки (мочеточники) и удаляется из организма через тонкий мочеиспускательный канал.

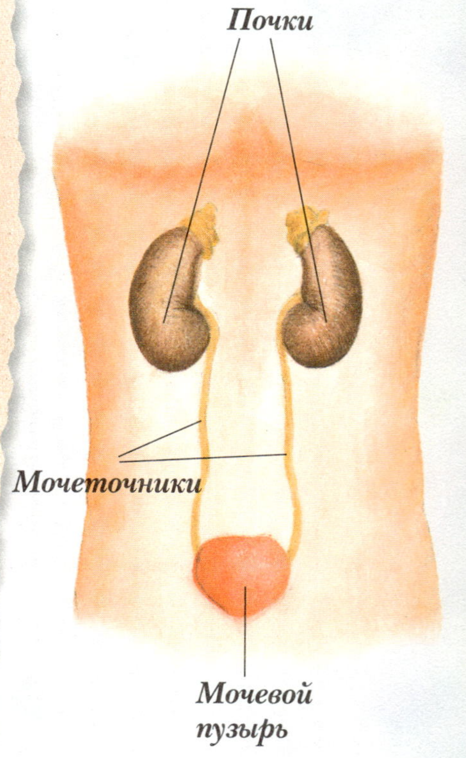

Почему мы заболеваем

Когда какие-либо вирусы или бактерии попадают в наш организм с воздухом, пищей или через порез на коже, они вызывают заражение — и мы заболеваем. Благодаря специальной иммунной системе организм мгновенно включает свои защитные механизмы: белые кровяные тельца обнаруживают в крови присутствие чужих микроорганизмов и выделяют соответствующие химические вещества (антитела), уничтожающие пришельцев. Некоторые антитела остаются в организме и после болезни, но он уже находится во всеоружии, и такая болезнь ему уже не страшна. Когда организм не в силах самостоятельно справиться с болезнью, ему необходимо помочь лекарствами.

Что такое вирусы и бактерии

Вирусы и бактерии — это микроорганизмы, которые можно увидеть только под микроскопом. Бактерии появились на Земле задолго до животных, растений и грибов и приспособились к обитанию в воде, на земле и под землей, а потом внутри многоклеточных организмов. Они наносят серьезные повреждения тканям. В зависимости от устройства бактерии делятся на шарообразные (кокки), палочковидные (например, бациллы) и извитые (спириллы). Болезни, вызванные бактериями, лечат лекарствами — антибиотиками.

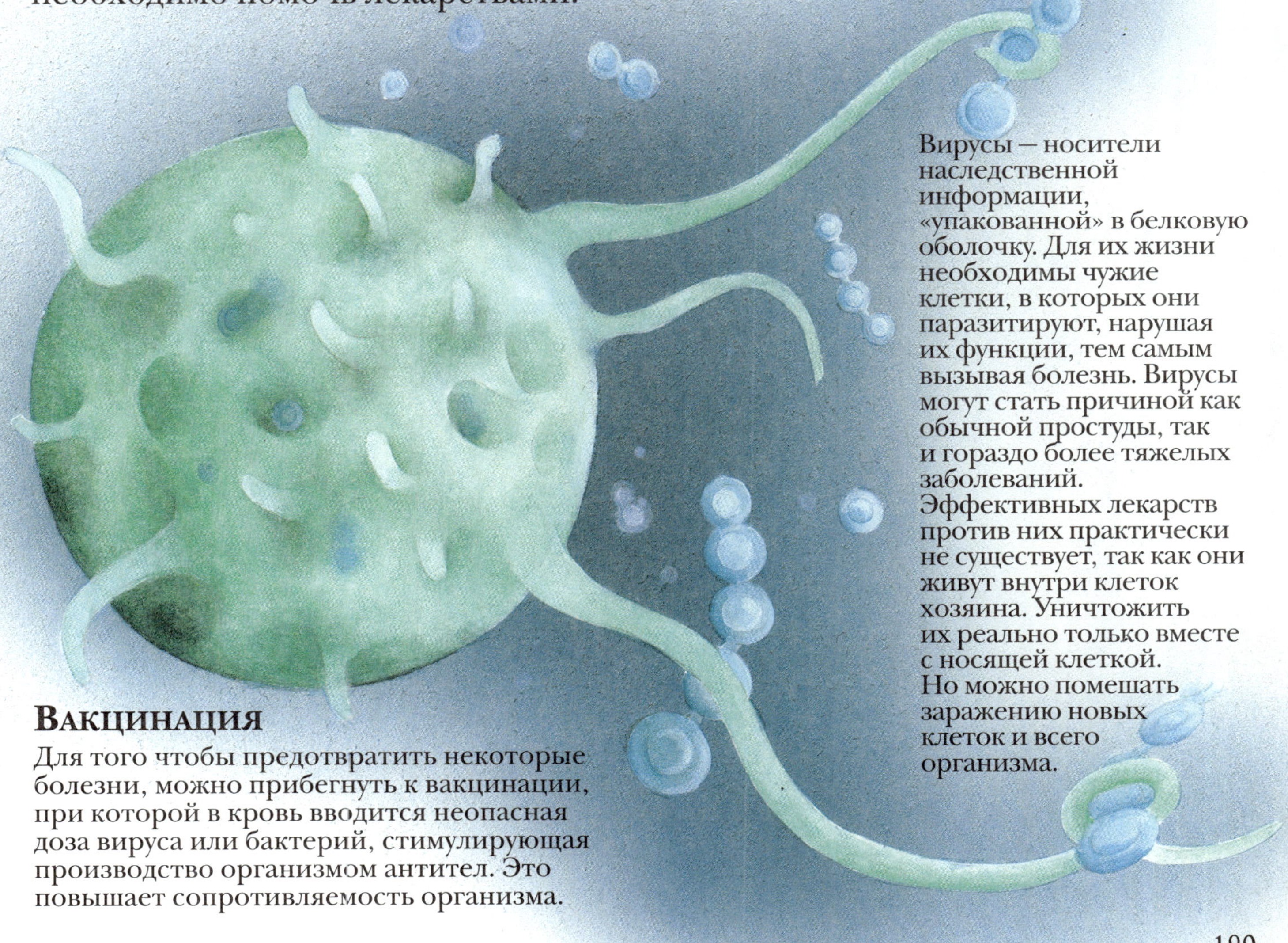

Вирусы — носители наследственной информации, «упакованной» в белковую оболочку. Для их жизни необходимы чужие клетки, в которых они паразитируют, нарушая их функции, тем самым вызывая болезнь. Вирусы могут стать причиной как обычной простуды, так и гораздо более тяжелых заболеваний. Эффективных лекарств против них практически не существует, так как они живут внутри клеток хозяина. Уничтожить их реально только вместе с носящей клеткой. Но можно помешать заражению новых клеток и всего организма.

Вакцинация

Для того чтобы предотвратить некоторые болезни, можно прибегнуть к вакцинации, при которой в кровь вводится неопасная доза вируса или бактерий, стимулирующая производство организмом антител. Это повышает сопротивляемость организма.

Зачем нужен скелет

Скелет служит опорой для тела и обеспечивает безопасность таким важным органам, как головной и спинной мозг, а также легкие. Кости, составляющие скелет, прочные, но легкие: из пористой структуры. Они живые (хотя по их виду этого и не скажешь), так как состоят из клеток, а они продолжают развиваться и обновляться, даже если организм уже прекратил свой рост. Кости могут быть трубчатыми и плоскими, разной длины и формы. Внутри некоторых из них находится костный мозг — студенистое вещество, в котором рождаются клетки крови.

Ц•И•Ф•Р•Ы

- В скелете взрослого человека насчитывается около 200 костей.
- Кость в 6 раз крепче, чем стальной стержень того же веса.
- Самая мелкая кость в организме человека — стремечко (2,6–3,4 мм), расположенное в ухе, самая крупная — бедренная (ее длина примерно 1/3 роста человека).
- У человека 27 костей в каждой руке и 26 — в каждой ноге.
- Большая часть костей продолжает расти до достижения человеком двадцатилетнего возраста.

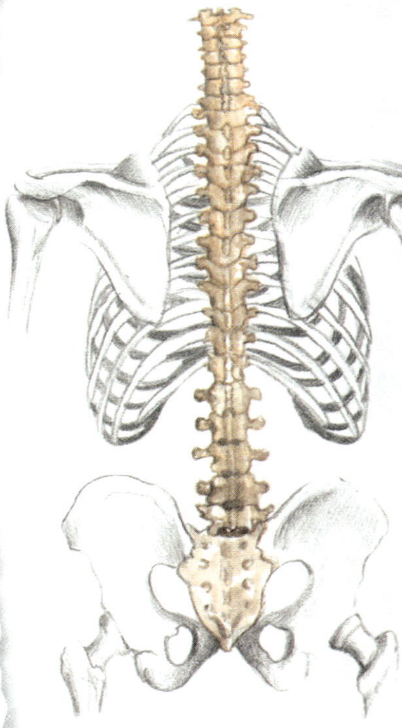

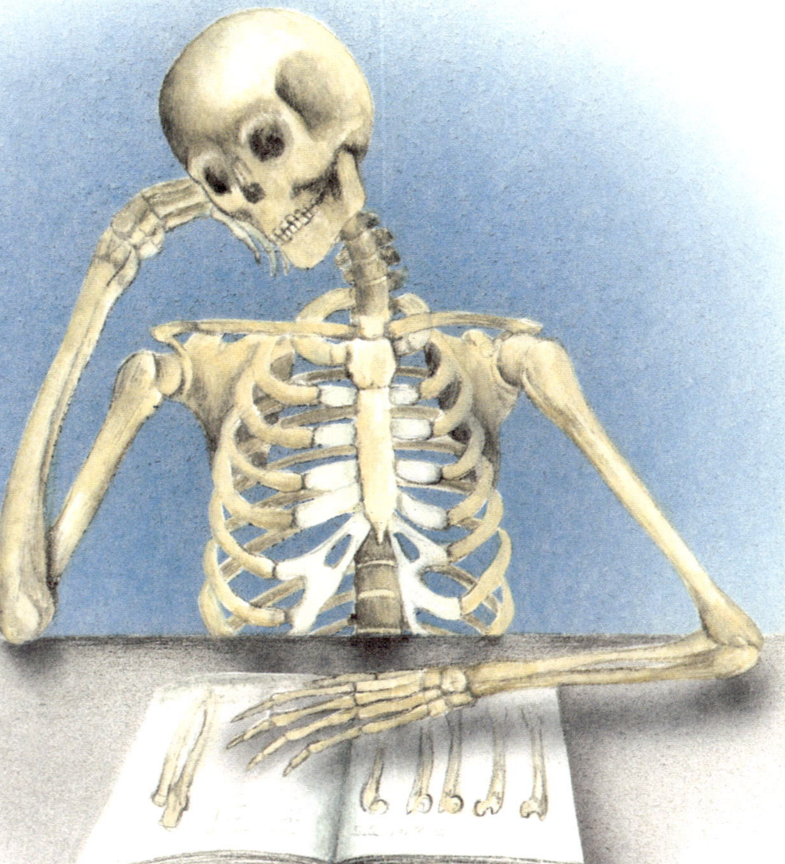

Почему позвоночник гибкий

Позвоночник собран из 33 отдельных позвонков, соединенных друг с другом. Такая структура позволяет ему прочно удерживать тело в вертикальном положении. В то же время благодаря позвоночнику тело может гнуться, поворачиваться и наклоняться почти в любом направлении.

Как двигаются кости

Подвижность костей обеспечивается суставами, сочленяющими расположенные рядом кости, оставляя им свободу в выполнении одних движений и ограничивая другие. Соединения костей, примыкающих друг к другу, обеспечиваются связками, они смазаны специальной синовиальной жидкостью и прослоены эластичной хрящевой тканью, это придает плавность движениям и способствует росту молодых костей. Суставы покрыты защитной оболочкой – суставной капсулой.

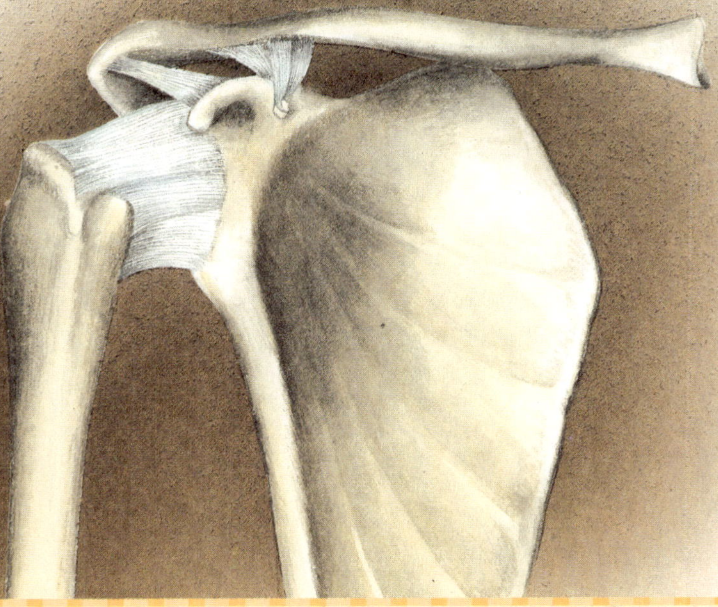

• Что? Как? Когда? •

Что такое связки?

Связки – это пучки волокон, соединяющие кости в суставах. Некоторые из них образуют сложные и прочные системы, как, например, коленные связки. Позвонки тоже соединяются связками – это делает позвоночник подвижным.

Что такое хрящ

Некоторые части тела, например нос или уши, не имеют костной структуры, а образованы тканью, родственной костной, но более мягкой и эластичной – хрящом. Хрящевая ткань присутствует во всех суставах, а также в трахее, в бронхах и межпозвоночных дисках.

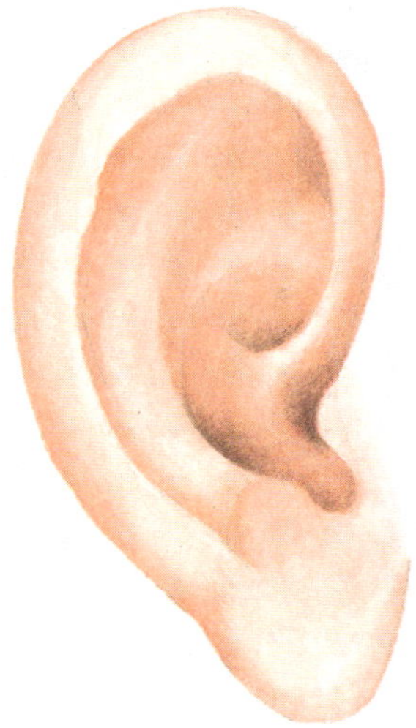

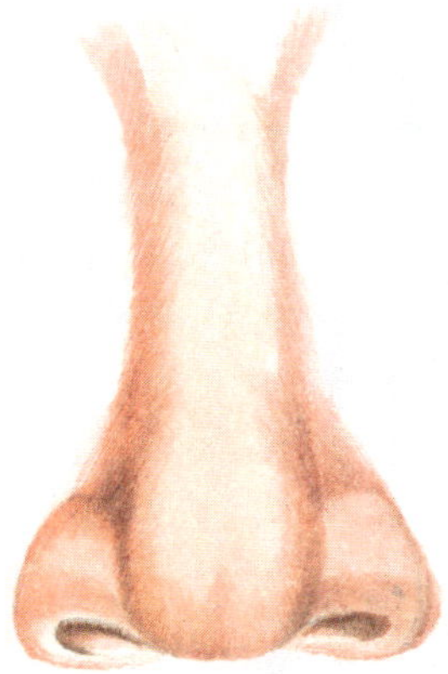

Скелет зародыша полностью состоит из хряща, который постепенно замещается костной тканью. Окостенение скелета завершается, когда человек становится взрослым.

Что позволяет нам двигаться

Играть, прыгать, подниматься по лестнице, садиться и вставать, кувыркаться, смеяться, строить рожицы... Все наши движения возможны благодаря совместной работе мышц и костей. В теле человека более 600 мышц различных форм и размеров. Скелетные мышцы образованы поперечнополосатыми волокнами, они удлиняются и сокращаются по нашему желанию, определяя таким образом движения костей, к которым прикреплены. Сокращения гладкой мускулатуры кишечника и желудка не зависят от нашей воли. Сердце — особая поперечнополосатая мышца, которая сокращается помимо наших желаний.

Непроизвольные рефлексы

Иногда даже обычные поперечнополосатые мышцы двигаются без нашей команды, например, рука сама отдергивается от соприкосновения с горячим или холодным предметом.

• Кто? Как? Когда? •

Когда мышцы сокращаются?

При активной физической деятельности мышцы подвергаются дополнительной нагрузке: производство энергии требует большего количества кислорода. Выход углекислого газа при этом также возрастает. Сердце начинает биться быстрее, чтобы пропустить больше крови, а легкие учащают ритм и интенсивность дыхания, чтобы обеспечить больший приток кислорода. Увеличивается даже потоотделение, чтобы сбалансировать избыток тепла, возникающий при производстве энергии.

Почему некоторые мышцы работают в паре

Так как скелетные мышцы способны притягивать нужную кость при выполнении почти всех движений, необходимо действие мышц-антагонистов, тянущих в противоположную сторону (например, бицепс — трицепс локтевого сустава).

Сухожилия

Мышцы крепятся к костям при помощи сухожилий — пучков плоских или округлых волокон, очень прочных на разрыв. Их можно хорошо увидеть на руке, если подвигать пальцами.

Ц·И·Ф·Р·Ы

- После занятий бегом дыхание учащается и может достигать 75 вдохов в минуту.
- Мышцы могут составлять 40% от веса тела.
- Только на лице работают более 40 мышц: это они позволяют нам гримасничать и придавать лицу различные выражения.
- Смех сопровождается движением почти 20 лицевых мышц.

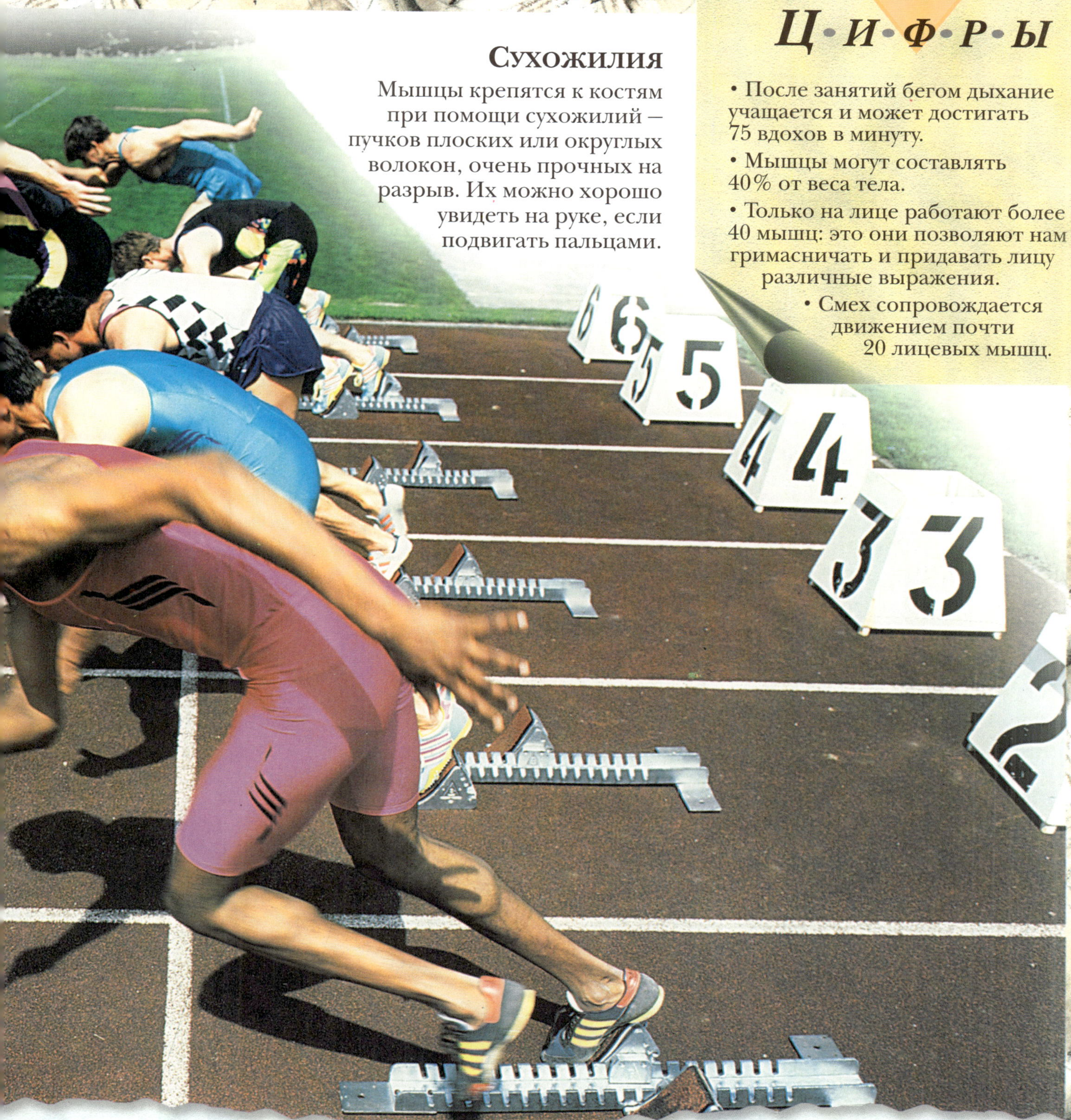

Понаблюдай, как работают бицепс и трицепс — мускулы верхней части плеча. Бицепс сокращается, заставляя согнуться локоть, и приподнимает предплечье.

Трицепс в это время, напротив, расслаблен. Когда сокращается трицепс, он подтягивает мышцы, и локоть распрямляется, а бицепс при этом расслабляется. Мышцы, работающие в паре, называют агонистами и антагонистами.

Как формируется организм человека

Формирование нового человека начинается в организме матери, после того как сперматозоид – мужская клетка – проникнет в женскую яйцеклетку и оплодотворит ее.

В начале своей жизни человеческий организм представляет собой комочек клеток, но через четыре недели у эмбриона – зародыша величиной с рисовое зернышко – появляются зачатки нервной системы, глаз, ротовой полости, сердца и конечностей. Развитие плода начинается с головы и неразвитый позвоночник долго еще похож на хвост головастика.

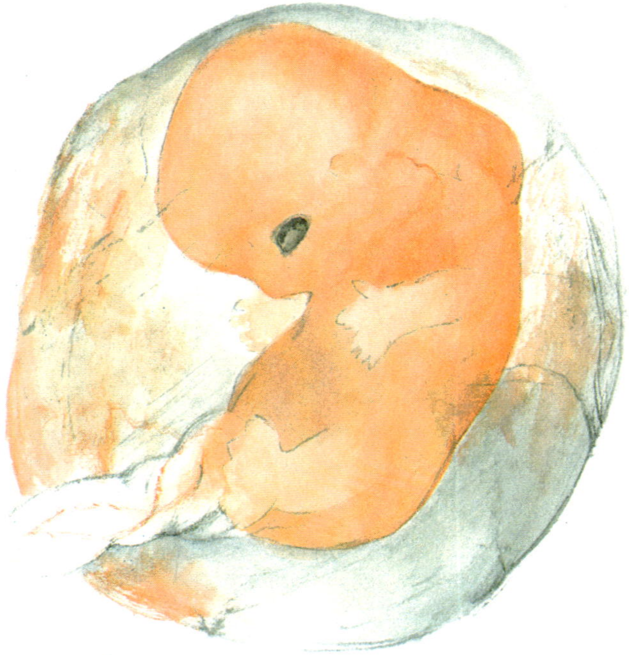

В конце второго месяца величина эмбриона равна размеру большой фасолины. У него уже присутствуют все органы, правда, в различной степени развития: хорошо видны руки и ноги с пальцами.

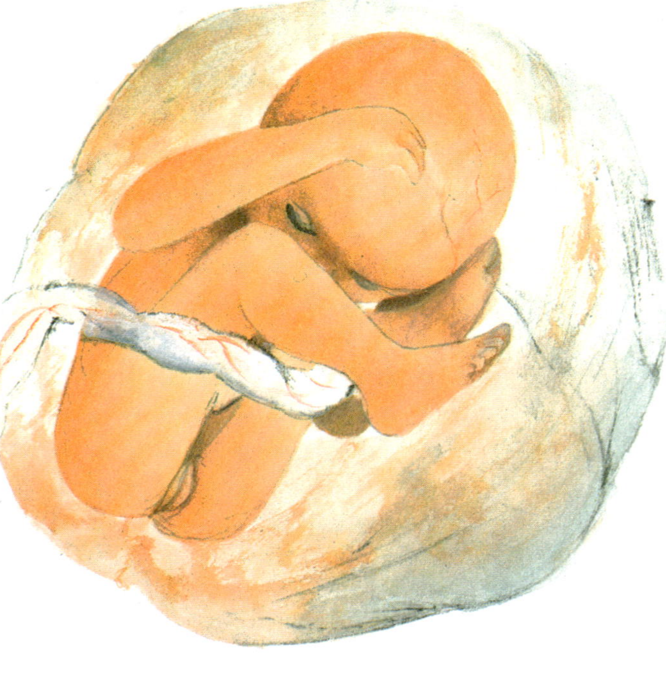

На третьем месяце завершается формирование всех органов плода, хотя определить его пол на этом этапе еще трудно. Мышцы и нервы уже позволяют ему совершать в утробе матери некоторые движения, а кровь циркулирует по его телу и через пуповину соединяется с материнской. Плод, длина которого в этот момент не превышает 5 см, может совершать глотательные движения и выделять мочу, плавая в амниотической жидкости внутри плодного пузыря.

Ц•и•ф•р•ы

- В течение первых трех месяцев внутриутробного существования количество клеток эмбриона увеличивается в 2,5 млн. раз.
- Плацента имеет форму плоского диска и весит 500–600 г.
- Длина пуповины составляет 50 см, а диаметр – 1–2 см.
- Новорожденный ребенок весит около 3 кг, а его рост составляет около 50 см.
- Сердечный ритм новорожденного выше, чем у взрослого человека. Он составляет 120–160 ударов в минуту.

Только после шестого месяца внутриутробной жизни дыхательный аппарат формируется окончательно и в случае преждевременных родов уже способен функционировать вне матки – органа, в котором развивается ребенок. Кожа младенца покрыта особой творожистой смазкой, которая защищает ее от воздействия амниотической жидкости в утробе и исчезает при рождении.

На четвертом месяце плод начинает тренировать дыхательные мышцы, которые понадобятся ему сразу же после рождения. Лицо приобретает привычные для человека черты. Появляются волосы, брови, и пушок покрывает все тело.

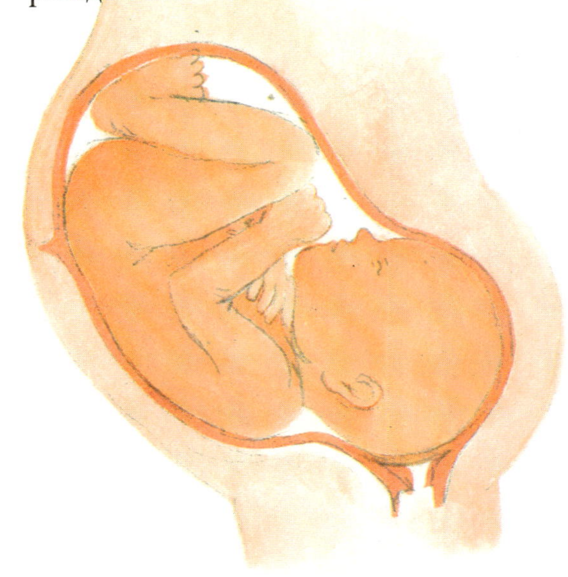

В возрасте 40 недель плод полностью сформировался. Ребенок открывает глаза и, находясь у матери в животе, уже воспринимает свет. За последние два месяца беременности вес плода увеличивается втрое – и вот уже ребенок готов родиться.

Как плод питается

Плод растет и развивается в амниотической жидкости. С организмом матери его соединяют пуповина и плацента.

Плацента – орган в форме диска, осуществляющий связь и обмен веществ между организмами матери и зародыша.

Кровь циркулирует между плодом и матерью через пуповину, соединяющую эмбрион и плаценту.

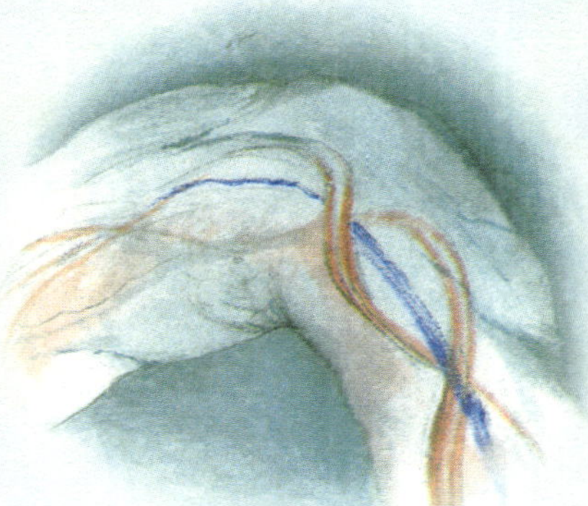

При рождении пуповина перерезается, так как ребенок уже способен питаться и дышать самостоятельно.

Почему мы спим

Ученые до сих пор не дали на этот вопрос определенного ответа. Известно, однако, что сон дает нам возможность проводить часть времени с меньшими затратами энергии и позволяет организму «подзарядиться». Желание спать, так же как и готовность проснуться, регулируется мозгом, который никогда не «спит». Сон — это потребность, противиться которой невозможно.

Ц·И·Ф·Р·Ы

- Мы проводим во сне почти 1/3 нашей жизни.
- Новорожденные спят по 18 часов в сутки.
- У взрослого человека общая продолжительность быстрых фаз составляет 1 час, у новорожденного — 8–9 часов.
- Сны кажутся нам длинными, но они редко длятся более 30 минут.

Целую ли ночь мы видим сны

Измерение электрических импульсов, испускаемых мозгом во сне, позволило установить чередование двух фаз сна.

В фазе быстрого сна, или REM (это английское сокращение означает «быстрые движения глаз»), глаза, закрытые под веками, находятся в постоянном движении, мышцы расслаблены, а сердце бьется неровно. В этой фазе нам снятся сны.

В медленной фазе глаза неподвижны, сон более глубокий и электрические сигналы, идущие из мозга, менее интенсивны. В этой фазе, которая обычно протекает без сновидений, спящий человек часто ворочается.

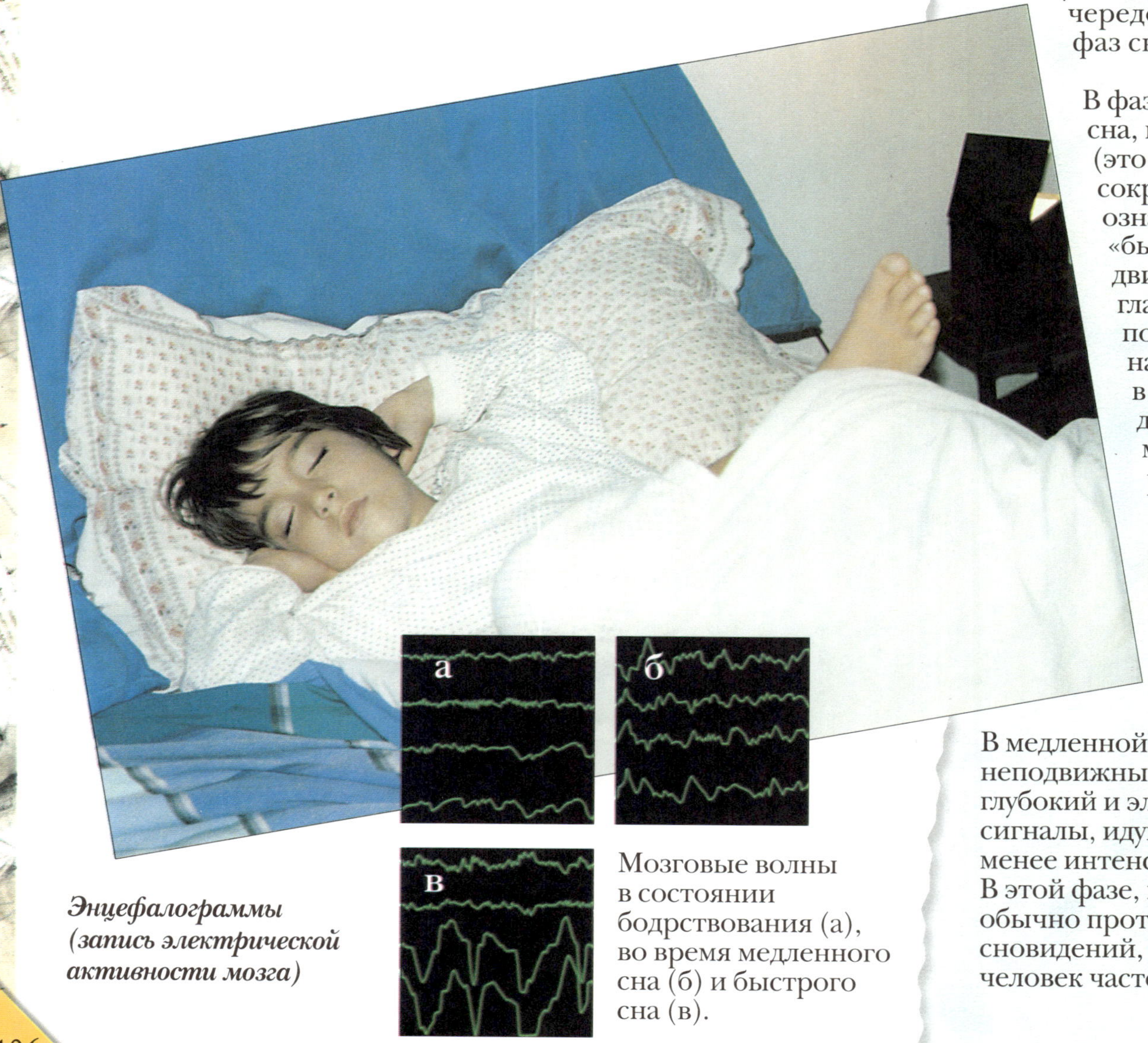

Энцефалограммы (запись электрической активности мозга)

Мозговые волны в состоянии бодрствования (а), во время медленного сна (б) и быстрого сна (в).

Наука и техника

Из чего состоит окружающий нас мир

Все, что нас окружает, состоит из атомов – крошечных частиц материи. Соединяясь друг с другом, они образуют молекулы – мельчайшие частицы вещества, которые еще сохраняют свойства атомов. Например, молекула воды состоит из двух атомов водорода и одного атома кислорода. Молекулы твердого вещества прочно связаны друг с другом, у молекул жидкостей связь слабее, а молекулы газа почти свободны и движутся в любом направлении. Раньше считалось, что атом – это мельчайший «кирпичик» материи. Но затем ученые обнаружили, что они состоят из еще более мелких частиц. Ядро атома составляют частицы двух типов: положительно заряженные протоны и не имеющие заряда нейтроны. Вокруг ядра вращаются электроны, каждый из которых несет единичный отрицательный заряд.

КАК? КОГДА? ПОЧЕМУ?

Почему железо ржавеет?

Ржавчина – это коричнево-красный налет, которым быстро покрываются железные предметы, если они долго находятся на открытом воздухе. Она образуется в результате химической реакции окисления между железом и кислородом во влажной атмосфере. Появившаяся на поверхности предмета ржавчина крошится и осыпается, находящийся под ней слой железа взаимодействует с воздухом и тоже ржавеет.

Органическая и неорганическая химия

Органическая химия изучает соединения углерода — одного из основных элементов живой природы. Неорганическая химия изучает соединения всех остальных элементов.

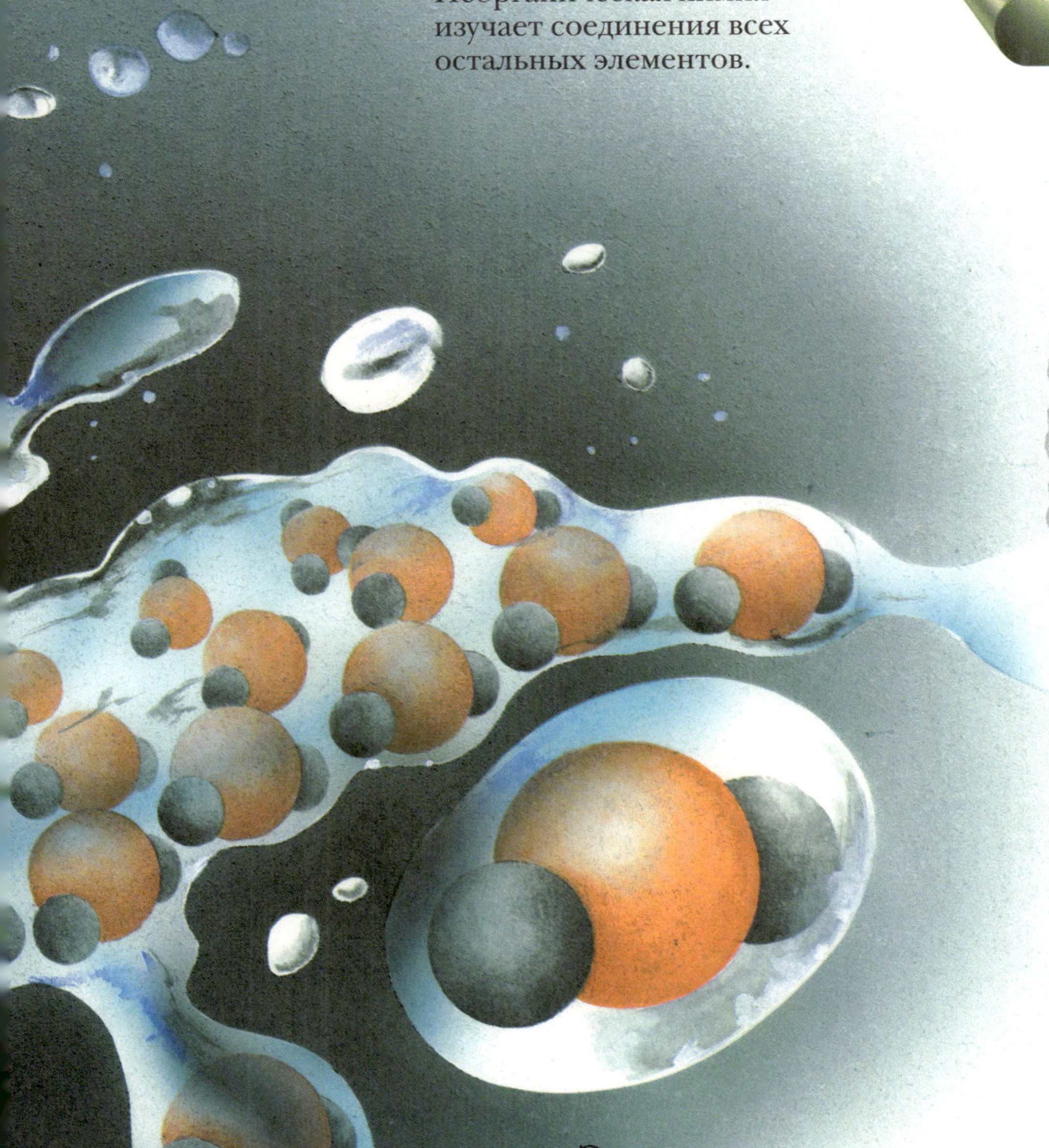

Элементы

Элементы — это вещества, состоящие из атомов одного вида, то есть атомов, содержащих одинаковое число протонов и электронов. Из 110 элементов 92 встречаются на Земле в естественных условиях, остальные были созданы в лабораториях.

Ц•И•Ф•Р•Ы

- В настоящее время открыто более 200 элементарных (субатомных) частиц.
- В пылинке содержится 1 млрд. атомов.
- В капле воды содержится примерно 10 млрд. молекул воды.
- Молекула водорода состоит из двух атомов водорода.

Почему разрезанное яблоко быстро темнеет

Химическая реакция — это процесс, при котором происходит разъединение атомов, соединение атомов друг с другом или образование новых комбинаций тех же атомов. Во всех этих случаях происходит разрыв одних химических связей, соединяющих атомы в молекуле, и образование других. Для некоторых химических реакций достаточно простого контакта двух молекул, другим нужна энергия (тепловая или электрическая) и даже катализатор — особое вещество, ускоряющее реакцию. Разрезанное яблоко быстро темнеет, потому что содержащееся в нем железо реагирует с кислородом воздуха и окисляется.

Из чего состоит пламя

Пламя – это смесь раскаленных светящихся частиц, образующихся при сгорании твердых, жидких или газообразных веществ. Чтобы оно появилось, нужны тепло, кислород и горючее вещество. Спичка вспыхивает только тогда, когда в результате трения ею о коробок выделяется достаточно много тепла, чтобы между кислородом и серой началась реакция – горение. Если подуть на горящую спичку, температура понизится и горение прекратится.

Продукты горения

Дым, пепел и сажа – это продукты горения. Когда вещество сгорает, оно не исчезает, а превращается в другие вещества и тепло.

• ГДЕ? КАК? КОГДА? •

Как измеряют температуру?

Для измерения температуры используют разные шкалы. Каждая шкала носит имя своего создателя: Цельсия, Фаренгейта, Кельвина и Ранкина. В большинстве стран пользуются шкалой Цельсия (°C). Вот некоторые примеры температур:
250 °C – температура возгорания древесины;
100 °C – температура кипения воды;
37 °C – температура человеческого тела;
0 °C – температура замерзания воды;
– 39 °C – температура затвердевания ртути;
– 273 °C – абсолютный нуль – температура, при которой атомы перестают двигаться.

Форма пламени

Пламя имеет удлиненную форму, потому что горячий воздух, более легкий, чем холодный, устремляется вверх.

П·р·о·в·е·д·и о·п·ы·т

Проведя этот несложный опыт, ты убедишься, что без кислорода пламя гаснет. Возьми свечу и укрепи ее на тарелке. Попроси взрослых зажечь свечу, затем накрой ее стеклянной банкой. Через некоторое время ты увидишь, что пламя погасло, так как кислород в банке закончился.

Что такое горючее, или топливо

Вещества, сгорающие в присутствии кислорода с выделением большого количества тепла, называются горючими и используются для производства разного вида энергии. Древесина и уголь — это твердое горючее. Бензин, солярка и керосин — жидкое горючее, его получают из нефти. Природный газ, состоящий из метана, этана, пропана и бутана, — газообразное топливо.

Как возникает молния

Молния – это гигантская вспышка, возникающая при электрическом разряде между тучей и землей либо между верхним и нижним краем тучи. Столкновение капелек воды и частичек льда внутри грозовой тучи приводит к образованию статического электричества. Положительный заряд собирается вверху тучи, а отрицательный – внизу, под его действием на поверхности земли скапливается положительный заряд. Когда величина заряда становится очень большой, возникает разряд либо между верхним и нижним краем тучи, либо между нижней ее частью и землей.

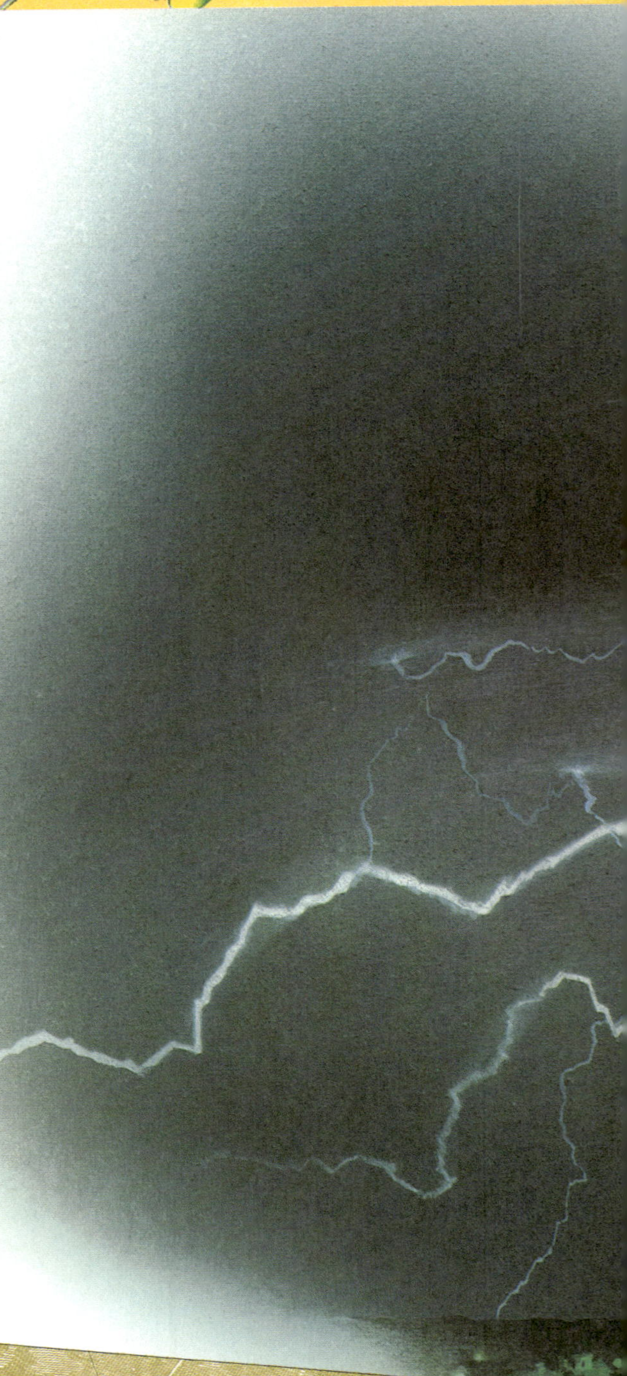

Притяжение

Разноименные электрические заряды (то есть заряды разного знака) притягиваются друг к другу, а одноименные отталкиваются. Во время грозы положительный заряд на поверхности земли притягивает к себе отрицательный заряд нижней части тучи.

• Кто? Как? Когда? •

Кто изобрел громоотвод?

Громоотвод изобрел в 1752 г. американский ученый Бенджамен Франклин. Он соорудил воздушного змея с металлическим наконечником, привязал к нижней части веревки металлический ключ и запустил змея во время грозы. Когда экспериментатор попробовал дотронуться до ключа, его ударило током. Из этого он сделал вывод, что металлический наконечник притягивает электрические заряды, скопившиеся в воздухе, и передает их по веревке ключу. Этот опыт и навел Франклина на мысль, как сделать громоотвод. Это был заостренный металлический стержень, который он установил на крыше дома и соединил проводом с землей. Стержень принимал на себя грозовые электрические разряды, которые по нему стекали в землю, минуя само здание.

Заряды в движении

Положительно заряженные частицы атома (протоны) постоянно находятся в ядре. Отрицательно же заряженные частицы (электроны) могут покидать атом – и тогда тот приобретает положительный заряд, либо присоединяться к нему – и тогда атом становится отрицательно заряженным.

П·Р·О·В·Е·Д·И О·П·Ы·Т

Наэлектризованное тело как магнит притягивает легкие предметы. Потри шерстяным свитером о воздушный шарик, и на него перейдут электроны шерсти. Таким образом, ни шарик, ни свитер больше не будут нейтральными. Свитер станет положительно заряженным, а шарик – отрицательно. Поскольку противоположные заряды притягиваются, свитер и шарик прилипнут друг к другу. А теперь потри одной и той же шерстяной тряпочкой два шарика и повесь их рядом. Смотри, что получается: шарики отталкивают друг друга, потому что оба они зарядились отрицательно.

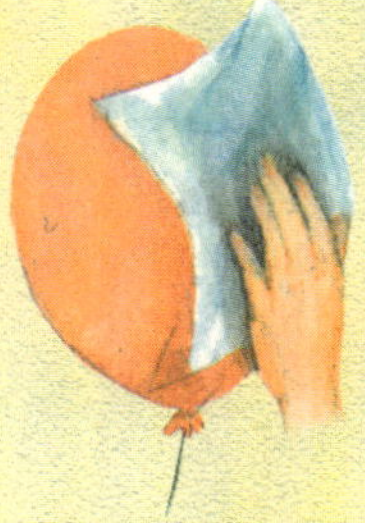

Электрические заряды

Атом состоит из частиц, одни из которых заряжены отрицательно, другие – положительно, а третьи и вовсе не имеют заряда. Когда число отрицательно и положительно заряженных частиц одинаково, заряды уравновешиваются – тогда атом нейтрален.

Можно ли наэлектризовать предмет

Предмет можно наэлектризовать, потерев его обо что-нибудь. Например, стеклянная палочка электризуется, если потереть ее о шерстяной свитер. Движущийся автомобиль тоже электризуется, потому что его кузов трется о воздух. Электризация – явление временное, ведь накопленное статическое электричество исчезает, как только наэлектризованное тело соприкасается с другими телами. Приходилось ли тебе слышать, как потрескивают волосы, когда ты стягиваешь через голову шерстяной свитер? Или ощущать легкий удар током, когда ты касаешься другого человека или дверцы машины? Все это происходит потому, что электроны свободно переходят с наэлектризованного предмета на тебя – как маленькие молнии.

Почему светит лампочка

Электрическая лампочка светит потому, что по ее тонкой спирали из вольфрама течет электрический ток. Эта спираль такая тонкая, что току приходится потрудиться, чтобы пройти по ней. От этого усилия спираль сильно нагревается и начинает светиться. Таким образом, лампочка излучает одновременно и свет, и тепло. В современных лампах накаливания вольфрамовые спирали нагреваются до температуры 3000 °C.

Как работает тостер

Многие бытовые электроприборы работают только потому, что электрическая энергия в них преобразуется в тепловую. Внутри тостера находятся проволочные спирали — наподобие спирали электрической лампочки, только гораздо толще. Когда по ним течет ток, они раскаляются докрасна и выделяют тепло. По тому же принципу работают электроплита, утюг, фен, электродуховка и т. д.

• КТО? КАК? КОГДА? •

Всегда ли электричество превращается в тепло?

Превращение электричества в тепло не всегда желательно — ведь такое превращение означает, что часть энергии теряется. Ученые обнаружили, что некоторые металлы при низких температурах не создают сопротивления электрическому току, поэтому электрическая энергия в них не преобразуется в тепловую и не рассеивается. Такие металлы называют сверхпроводниками. Их используют, например, на сверхскоростных железных дорогах.

Как устроен электрический кабель

Электрические провода – это «каналы», по которым течет электрический ток и которые соединяют между собой элементы электроцепи. Внутри электропровода находятся проводящие электричество медные проволочки. Медь – отличный проводник. В меди, как и в других металлах, есть свободные электроны, способные переносить электрическую энергию. Электрические провода покрыты изоляцией, которую изготавливают из материала с противоположными свойствами. Он не проводит электричество, и мы можем касаться провода руками, не боясь удара током.

Как работает батарейка

Батарейка – это маленькое хранилище электрической энергии. Она вырабатывается в результате химических реакций внутри батарейки. При этом на одном полюсе скапливается отрицательный заряд, а на другом – положительный. Если полюса соединить проволокой, то цепь замкнется и по ней потечет электрический ток. Он будет течь, пока мы не разомкнем цепь или в батарейке не исчерпаются реактивы.

• Что? Как? Когда? •

Что такое электрический ток?

Электрический ток представляет собой направленное движение по проводам электронов – крошечных заряженных частичек, входящих в состав атома. Они «перепрыгивают» с атома на атом и переносят электрическую энергию. Для переноса электрического тока необходим проводник, например кусок проволоки, а цепь должна быть замкнута. Проводники делают из металлов и других материалов, в которых есть свободные электроны. Электрический ток измеряется в амперах (А).

Взаимодействие магнитов

Концы магнита называются полюсами. У любого магнита есть два полюса – южный и северный. Разноименные магнитные полюса притягиваются, а одноименные отталкиваются.

Летящий поезд

Поезд на магнитной подушке «летит» над полотном железной дороги на высоте нескольких сантиметров. Это происходит потому, что магниты, вмонтированные в днище поезда и в рельс, направлены друг к другу одноименными полюсами.

• Как? Когда? Почему? •

Почему стрелка компаса указывает на север?

Земля ведет себя так, как если бы внутри нее находился магнитный стержень. Это связано с тем, что ядро Земли состоит из железа, а также с тем, что Земля вращается вокруг своей оси. Если свободно подвесить магнит в магнитном поле Земли, то он повернется в направлении север – юг. Этот эффект используется в магнитном компасе. Однако необходимо учитывать, что Северный и Южный географические полюса нашей планеты не совпадают в точности с ее магнитными полюсами.

П·Р·О·В·Е·Д·И О·П·Ы·Т

Попробуй намагнитить иголку. Для этого возьми магнитный брусок и две большие швейные иголки. Проведи магнитом вдоль каждой из них по 40–50 раз в одном направлении. Соедини иголки сначала ушками, потом остриями, а затем ушко одной с острием другой. Ты увидишь, что иголки ведут себя как два магнита: притягиваются или отталкиваются в зависимости от того, как их соединить.

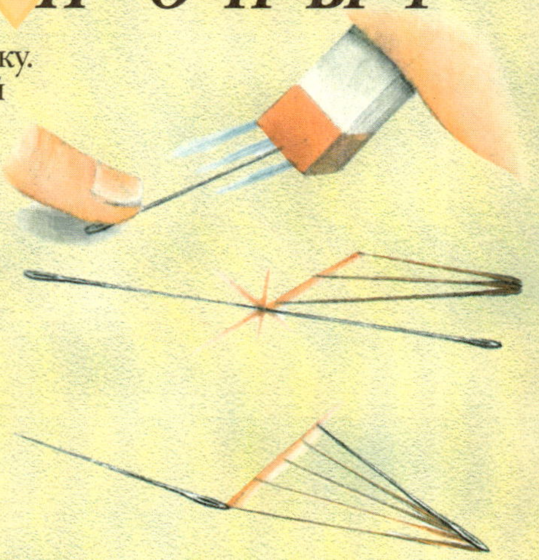

Как устроен магнитный компас

В компасе есть магнитная стрелка, которая свободно вращается вокруг своей оси, совмещенной с центром циферблата. На циферблате указаны четыре стороны света, а также промежуточные направления. Где бы ни находился компас, его стрелка всегда направлена на северный магнитный полюс Земли, и это позволяет ориентироваться на местности.

Почему шарик скатывается вниз

Шарик, лежащий на ровной поверхности, остается неподвижным до тех пор, пока на него не подействует какая-нибудь сила (толчок, порыв ветра и т. д.). Если же поместить шарик на наклонную плоскость, то он обязательно покатится вниз, потому что на него действует сила земного притяжения. Толкнув его по ровной поверхности, мы увидим, как через некоторое время он остановится. В этом случае на него действует другая сила – сила трения о поверхность (сила трения качения). Она тормозит движение и останавливает шарик. Трение возникает при контакте поверхности шарика с поверхностью, по которой он катится.

Чтобы не заносило на дороге

Если бы колеса автомобилей и велосипедов были гладкими, без протектора, их часто заносило бы на дорогах. Бороздки на протекторе шин обеспечивают лучшее сцепление между колесом и асфальтом, что позволяет транспортному средству безопасно проходить повороты и тормозить.

Чтобы двигаться быстрее

Чтобы трение не замедляло движение, его стараются уменьшить. Именно поэтому самолетам и пароходам придают обтекаемую форму. Это уменьшает трение, а следовательно, и потерю скорости.

• Как? Когда? Почему? •

Почему при резком торможении нас толкает вперед?

При резком торможении автомобиля пассажира бросает вперед. Если машина резко трогается с места, пассажир откидывается назад, словно желая остаться на месте. Свойство предмета сопротивляться изменению своего состояния – равномерного движения или покоя – называется инерцией. Чем больше масса тела, тем больше и его инерция.

Почему маленькие дети не могут устоять на ногах

Если тебе удается удержать вилку на пальце в равновесии, значит, ты нашел ее центр тяжести, то есть точку равновесия. Смести центр тяжести в сторону от точки опоры – и вилка упадет. У человека центр тяжести находится примерно под пупком. Когда он располагается в пределах площади опоры, то есть между ступнями ног, тело находится в равновесии, в противном случае оно падает. Маленькие дети не могут устоять на ногах, потому что центр тяжести у них выше, чем у взрослых, а площадь опоры очень маленькая.

Почему гимнастка разводит руки в стороны

Когда мы разводим руки в стороны, вес тела перераспределяется и его центр тяжести остается над площадью опоры. Попробуй встать со стула, поставив ступни ног перед стулом и держа руки вдоль тела. Ничего не получится! Но если ты слегка подвинешь ноги назад, под стул, а руки вытянешь вперед, то твой центр тяжести снова окажется над ногами и ты сможешь сохранить равновесие и встать.

Как? Когда? Почему?

Почему у всех автомобилей двигатель находится внизу?

Для лучшей устойчивости все транспортные средства конструируют так, чтобы их центр тяжести располагался как можно ниже между колесами, поэтому тяжелый двигатель всегда устанавливают внизу. Если на багажнике и в кузове автомобиля находится большой груз, то машина может перевернуться на повороте.

Почему горные дороги такие извилистые

Карабкаться прямо в гору – очень тяжелая работа и для человека, и для автомобиля. Поэтому горные дороги прокладывают серпантином. И хотя они намного длиннее, подниматься по ним гораздо легче, а спускаться не так опасно. Приспособления, которые служат для уменьшения затрачиваемого при работе усилия, называются простейшими механизмами.

Наклонные поверхности

Извилистые горные дороги и винтовые лестницы – это примеры простейших механизмов. Они позволяют уменьшить усилие, которое нужно затратить при подъеме.

• Как? Когда? Почему? •

Как работает блок?

Блок – это простой механизм, позволяющий поднимать большой вес с меньшим усилием. Он состоит из шкива, насаженного на ось, которая крепится к скобе. Через шкив перекинута веревка или цепь. К одному ее концу прикрепляют груз, который нужно поднять, к другому прикладывают усилие. Чтобы привести блок в движение, нужно применить силу собственного веса, потянув за конец веревки, тогда груз на другом ее конце поднимется вверх.

Винт и шуруп

Если бы резьбу винта или шурупа можно было «размотать», ее полотно образовало бы наклонную плоскость. Винты и шурупы ввинчиваются в материал по спирали, а не входят вертикально.

В·И·К·Т·О·Р·И·Н·А

1) ***Какой инструмент помогает выполнить тонкую работу?***

2) ***Какой простейший механизм представляет собой зубчатое колесо?***

3) ***Что удобнее использовать в качестве рычага, открывая крышку банки: монету или отвертку?***

4) ***Как называется точка, относительно которой поворачивается рычаг?***

Ответы:
1) пинцет; 2) шестерня; 3) отвертку; 4) точка опоры.

Какие механизмы облегчают работу

Благодаря простейшим механизмам тяжелую работу можно выполнить при значительно меньшем усилии.

Такой штопор позволяет с меньшим усилием вытащить пробку из бутылки. При этом прикладываемая нами сила направлена вниз, а пробка движется вверх.

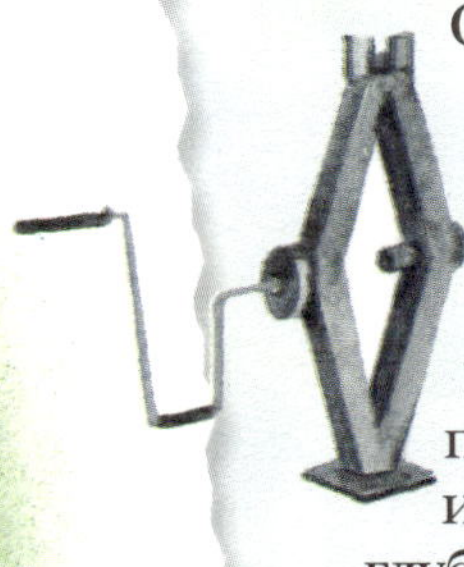

С помощью домкрата мы можем поднять автомобиль.

С помощью козьей ножки можно поддеть и вытащить наружу глубоко застрявшие предметы, например гвозди.

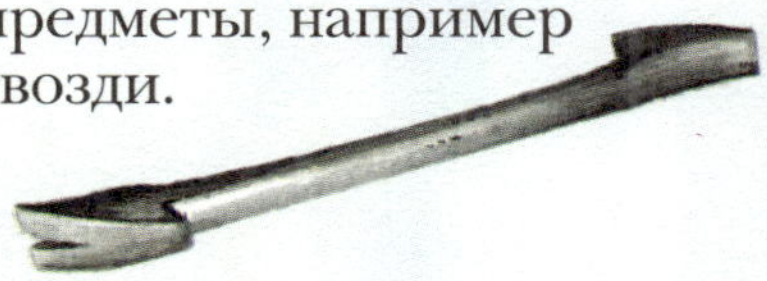

Щипцы для орехов выполняют работу, которая не под силу нашим мышцам.

Все эти простые механизмы работают по принципу рычага.

Почему радуга разноцветная

Нам кажется, что солнечный свет белый, но на самом деле он состоит из семи цветов. Когда луч света пронизывает мельчайшие капельки воды, висящие в воздухе после грозы, он разлагается на семь цветов – и мы видим на небе радугу. Такое же разложение происходит, когда свет проходит через стеклянную призму. Цвета радуги расположены всегда в одном порядке: красный, оранжевый, желтый, зеленый, голубой, синий и фиолетовый.

Исаак Ньютон

Английский ученый Исаак Ньютон (1642–1727) обнаружил, что белый свет, проходя через стеклянную треугольную призму, разлагается на лучи разного цвета.

• КТО? КАК? КОГДА? •

Кто изобрел телескоп?

Телескоп – это сложный оптический прибор, который с помощью системы зеркал создает увеличенное изображение предметов. В 1609 г. Галилео Галилей, взяв за основу конструкцию прибора, изобретенного в Голландии, создал первый телескоп для наблюдения за небом. Прибор состоял из трубы с линзами на обоих концах. Прародителем современных телескопов был первый телескоп-рефлектор (отражающий), который в 1668 г. построил Ньютон. Вместо линз он использовал систему зеркал, что делало изображение более четким.

Почему линзы изменяют изображение

У линз кривая поверхность, поэтому они по-разному преломляют падающие на них лучи света. Линзы бывают выпуклыми и вогнутыми. Выпуклые линзы собирают пучок параллельных лучей света в одну точку – фокусируют его. Вогнутые же линзы, напротив, вызывают расхождение пучка.

С·А·М·Ы·Е - С·А·М·Ы·Е

- В 1990 г. с помощью космического челнока был выведен на орбиту самый крупный в мире космический телескоп «Хаббл». Диаметр его зеркала составляет 2,4 м, а вес – 11 т.
- Самая маленькая оптическая призма – ее размер всего 0,01 мм – была сконструирована в научной лаборатории в Колорадо (США). Ее едва можно разглядеть.
- Оптические микроскопы (с линзами и зеркалами) дают увеличение до 2 тыс. раз, электронный же микроскоп увеличивает объект в миллионы раз.

Преломление света

Изменение направления света при переходе из одной среды в другую называется преломлением. Когда солнечные лучи преломляются каплями воды, скопившимися в воздухе после грозы, свет разлагается на семь цветов, и мы видим радугу.

Выпуклые и вогнутые линзы применяют при изготовлении очков, фотоаппаратов, микроскопов, проекторов, биноклей, телескопов и т. д.

Проходя сквозь линзу, свет создает увеличенное или уменьшенное изображение предметов. Если мы хотим рассмотреть детали мелких объектов – насекомых или марок, мы используем выпуклые линзы.

Что такое лазер

Лазер – это прибор, испускающий очень яркий и узкий луч света, способный сконцентрировать в одной точке большое количество энергии. С его помощью можно резать и сваривать металлы, проводить тончайшие хирургические операции, создавать световые эффекты в небе, записывать и считывать информацию с компакт-дисков, считывать штрих-код с товаров и т. д.

Зачем товарам штрих-код

В большинстве магазинов всю информацию о товарах (сколько и чего продано, на какую сумму и т. д.) запоминают и обрабатывают компьютеры. Штрих-код содержит данные о марке и типе товара, о формате упаковки, о тех характеристиках, которые отличают этот продукт от других. Цена товара обычно не указывается, потому что она может изменяться. Штрих-код считывается лазерным устройством, которое преобразует поле из белых и черных полосок в цифровые данные: белые полоски отражают луч лазера, считывающее устройство преобразует световой импульс в электрический и передает его в компьютер.

• ЧТО? КАК? КОГДА? •

Что такое кредитная карточка?

С помощью кредитной пластиковой карточки можно получать деньги в банкоматах и банках, расплачиваться за товары и услуги. На магнитную полосу карточки заносится информация о ее владельце: его секретный PIN-код, сумма на текущем банковском счете. Все это считывает компьютер в банкомате, он же дает команду выдать требуемую сумму и снять такую же сумму с банковского счета владельца.

Как хранится информация на компакт-диске

На первый взгляд поверхность компакт-диска кажется гладкой, на самом же деле она испещрена множеством углублений, расположенных по спиральным дорожкам и образуемых лучом лазера при записи. Когда мы вставляем компакт-диск в дисковод, на вращающийся диск направляется лазерный луч малой мощности. Углубления и гладкие участки поверхности по-разному отражают луч и создают особую последовательность световых импульсов, которые считываются датчиками и преобразуются в звук и изображение.

Ц·и·ф·р·ы

- В зависимости от типа, DVD могут иметь объем памяти, равный памяти от 7 до 28 компакт-дисков.
- CD — это компакт-диск, предназначенный только для считывания записанной на нем информации. Он служит для загрузки данных в компьютер и имеет объем памяти, соответствующий 400 флоппи-дискам (дискетам) с объемом памяти 1,44 Мб (мегабайта) каждый.
- Диаметр компакт-диска равен 12 см.
- С DVD информация считывается в 30 раз быстрее, чем с компакт-диска.

Что такое DVD

DVD — цифровой универсальный диск. Он похож на обычный компакт-диск, но способен хранить гораздо больше информации, которая и считывается намного быстрее. DVD практически без искажений сохраняет и передает изображение и звук и вмещает запись продолжительностью от 2 до 8 часов. На одном и том же DVD может быть одновременно записана оригинальная версия фильма, синхронный перевод на другие языки и субтитры.

Что такое оптическое волокно

Оптическое волокно – это пучок тончайших нитей из особо чистого стекла, покрытый для прочности пластиком. Оно похоже на электропровод, только по нему идет не ток, а свет. Оптические волокна используют для освещения, для обследования мест, недоступных человеческому глазу (например, внутренних органов человека), а также для передачи информации в виде световых импульсов (например, в кабельных телевизионных сетях). Благодаря высокой скорости передачи (2/3 скорости света) и возможности передавать одновременно большие объемы информации оптоволоконные системы станут в будущем основным средством связи.

Оптические волокна в медицине

Оптические волокна широко применяются в медицине для обследования внутренних органов человека. Стекловолоконный зонд очень гибкий и тонкий, поэтому его можно вводить в недоступные для обычного осмотра части тела, освещать их и передавать изображение наружу.

• Что? Как? Когда? •

Что такое мираж?

Пересекая границу между теплым и холодным слоем воздуха, свет преломляется, потому что слои имеют разную плотность. В знойные дни воздух у поверхности шоссе прогревается, а немного выше остается холодным. Убегающая вдаль лента шоссе кажется нам мокрой, хотя на самом деле это не вода, а отражение неба. Иногда путешественники в пустыне видят перевернутое изображение находящихся за линией горизонта объектов, например цветущий оазис. Лучи света, идущие от оазиса, преломляются в слое горячего воздуха над песком и кажется, что оазис совсем близко. Это явление называется миражом.

Ц•И•Ф•Р•Ы

- Для передачи электрического сигнала по проводам на линии через каждые 1,5 км необходимо устанавливать ретранслятор.
- По оптическому волокну сигнал передается без искажения, а ретрансляторы могут находиться друг от друга на расстоянии 100 км.
- Самое тонкое оптическое волокно в мире создано в одном из университетов Великобритании. Его длина составляет 10 км, а сечение – 0,00000001 мм.

Как распространяется свет

Свет распространяется по прямой линии. Оптическое волокно представляет собой тонкую трубочку с отражающими стенками, и свет по ней идет зигзагами, прыгая от стенки к стенке. Переходя из одной среды в другую или встречая на своем пути отражающую поверхность, например зеркало, свет меняет направление.

Когда луч света переходит из одной среды в другую, например из воздуха в стекло или из стекла в воду, он изменяет направление. Это явление называется преломлением. Именно поэтому соломинка в стакане с водой кажется нам сломанной.

Ты видишь себя в зеркале потому, что свет, отражаясь сначала от твоего лица, а потом от зеркала, попадает тебе в глаза.

Почему самолет не может остановиться в воздухе

Самолет летит в небе благодаря силе тяги своих двигателей. Крыло самолета имеет особую форму. Его верхняя поверхность выпуклая, а нижняя – почти плоская. Воздух, обтекающий верхнюю часть крыла, движется быстрее, чем обтекающий нижнюю его часть. Поэтому под крылом создается большее давление, чем над ним, то есть возникает подъемная сила, которая и удерживает самолет в воздухе. Чем быстрее воздух обтекает крыло, тем больше подъемная сила. Если самолет вдруг остановится в полете, то подъемная сила исчезнет, и он упадет.

Заправка в воздухе

Самолеты никогда не останавливаются во время полета, поэтому иногда их заправляют прямо в воздухе. Конечно, заправить так можно не всякий самолет. Этот способ применяют при длительных беспосадочных полетах, когда самолет не имеет возможности или не должен совершать промежуточную посадку.

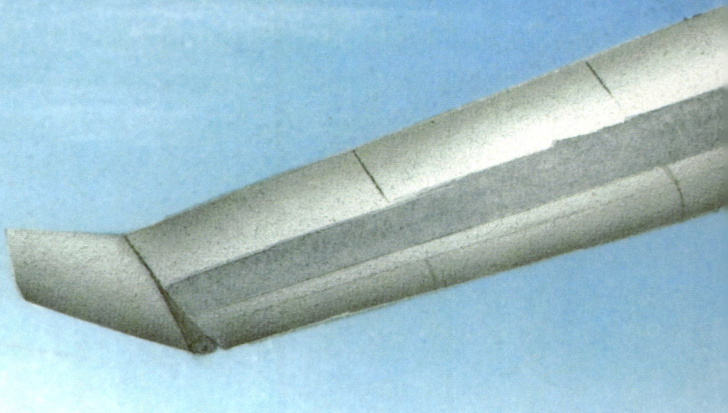

П·р·о·в·е·д·и о·п·ы·т

Вырежи из тонкой бумаги полоску шириной 10 см и длиной 20 см. Поднеси ее ко рту и подуй вдоль нее сверху. Ты увидишь, что полоска от твоего выдоха не отклоняется вниз, а, наоборот, приподнимается. Это происходит потому, что поток воздуха вдоль верхней стороны полоски оказывает на нее меньшее давление, чем воздух под ней. Он поднимает бумагу, подобно тому как набегающие потоки воздуха поднимают самолет вверх.

Каким будет самолет будущего

Пассажирские самолеты нового поколения будут летать со сверхзвуковой скоростью. Из Рима в Лос-Анджелес можно будет долететь всего за 4 часа, а не за 10, как сейчас. Более совершенным будет и навигационное оборудование, чтобы пассажиры чувствовали себя комфортно, а полет проходил безопасно. На самолетах будет больше приборов, чтобы предотвратить возможные аварии, а управлять ими будут с земли при помощи новых сложнейших технологий связи. Это устранит человеческий фактор, от которого во многом зависит безопасность полетов.

Вертолеты

Вертолет может зависать в воздухе за счет очень быстрого вращения лопастей. Это вращение создает поток воздуха, способный удержать машину в небе как в движении, так и на месте. Форма лопасти вертолета почти такая же, как у крыла самолета, поэтому, вращаясь, лопасть тоже создает подъемную силу.

Как всплывает подводная лодка

Подводная лодка погружается под воду при заполнении водой специальных камер – балластных цистерн. Когда же ей нужно всплыть, в цистерны нагнетается сжатый воздух, и вода вытесняется. Меняя количество воздуха в балластных цистернах, лодка меняет глубину погружения.

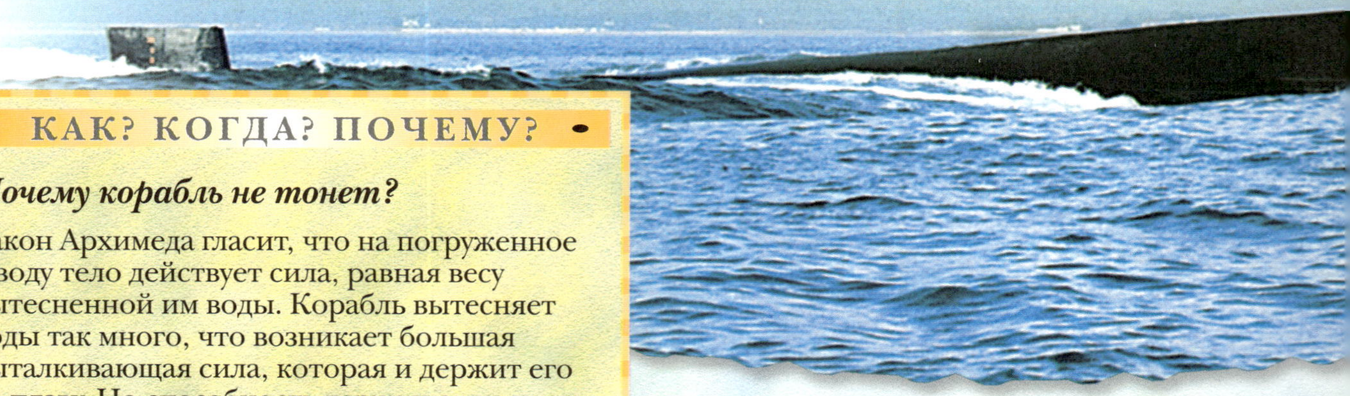

• КАК? КОГДА? ПОЧЕМУ? •

Почему корабль не тонет?

Закон Архимеда гласит, что на погруженное в воду тело действует сила, равная весу вытесненной им воды. Корабль вытесняет воды так много, что возникает большая выталкивающая сила, которая и держит его на плаву. Но способность держаться на плаву зависит также от плотности материала, из которого построено судно, то есть от отношения его массы к объему. Корпус корабля делают из металла (например, железа) – это тяжелый материал. Но внутри корабля находится заполненное воздухом полое пространство, поэтому средняя плотность корабля оказывается ниже плотности воды, и он не тонет.

Смогут ли люди жить на дне океана

Архитекторы и ученые думают над тем, как создать подводные базы и лаборатории для изучения дна океана.

С·А·М·Ы·Е - С·А·М·Ы·Е

• Самую большую скорость среди надводных судов (170 км/ч) развил американский военный корабль SES-100B.

• Американские атомные подводные лодки могут преодолевать расстояние до 640 тыс. км без дополнительной заправки топливом.

• Самый большой в мире парусник, «Седов», ходит под российским флагом. Его длина – 109 м, а ширина – 14,6 м.

Двойной корпус

У подводной лодки двойной корпус. Наружный придает лодке обтекаемую форму, внутренний сдерживает давление воды. Между корпусами находятся балластные цистерны.

Чтобы как следует изучить мир океанов, нужно разработать высокотехнологичные программы, позволяющие людям безопасно и комфортно жить под водой, и создать необходимое для исследований оборудование.

Как устроена видеоигра

Каждый раз, когда мы включаем радио, телевизор или компьютер, заходим в магазин, где перед нами автоматически открываются двери, мы приводим в действие электронные датчики. Внутри карманной видеоигры находится микросхема, в которой электрический ток течет не постоянно, как в обычных электроприборах, а импульсами. Когда ты нажимаешь на кнопку, механический сигнал преобразуется в магнитный, а затем в сигнал на экране (изображение на дисплее) и так далее. В результате создается непрерывная последовательность сигналов на входе и выходе.

Электронные схемы

Электронные схемы состоят из сопротивлений, конденсаторов, диодов и транзисторов. Одна схема может включать сотни миниатюрных компонентов, регулирующих электрический ток. Они могут усиливать его, включать, отключать или перенаправлять.

• КТО? КАК? КОГДА? •

На каком языке говорят чипы?

В языке чипов, двоичном коде, есть два «слова»: «включить» и «выключить». Их обозначают «1» и «0», как в алфавите, состоящем всего из двух букв. Любая информация, поступающая в чип – звук, рисунок, слово или что-либо еще, – переводится в символы этого кода.

Что такое микрочип

Микрочип — это интегральная схема, электрическая цепь в миниатюре, которая содержит все необходимые компоненты. Микрочипы применяются в телевизорах, телефонах, компьютерах и т. д. Они выполняют самые разные функции, иногда очень сложные, хотя их размер — всего несколько квадратных миллиметров. Микрочип умещается на крошечной панели из кремния, материала-полупроводника; панель заключена в твердую защитную оболочку и крепится на плате с помощью ножек.

Сложное электронное устройство может включать множество чипов, каждый из которых выполняет свою задачу. Например, в телефоне один чип «запоминает» телефонные номера, другой записывает сообщения, третий выводит сообщения на дисплей или преобразует сигналы в звуки и т. д. Чем больше в чипе электронных компонентов, тем более совершенным и быстродействующим будет устройство.

Какие возможности открывает компьютер

Современные системы связи позволяют нам при помощи компьютера общаться и играть с друзьями, находящимися за сотни километров от нас, посещать музеи и библиотеки, посылать по электронной почте письма в любую точку света. Компьютеры, соединенные друг с другом через телефонную сеть, образуют большие и малые сети. Локальная сеть (например, в школе) позволяет получить доступ к одной информации одновременно с нескольких компьютеров. Интернет соединяет друг с другом компьютеры по всему миру, сближая людей разных стран и делая возможным обмен огромным количеством информации.

WWW

Это сокращение расшифровывается как «World Wide Web» — Всемирная паутина. Так обозначают систему обмена мультимедийной информацией, к которой есть доступ через Интернет, то есть через сеть компьютеров, связанных между собой по всему миру.

• ЧТО? КАК? КОГДА? •

Что такое телеконференция?

Люди, разделенные тысячами километров, могут «встретиться» и пообщаться, оставаясь при этом у экранов своих компьютеров. Изображение и звук передаются от одного собеседника к другому с помощью маленьких телекамер и микрофонов, установленных на мониторе компьютера каждого участника. Таким образом, все участники дискуссии могут видеть и слышать выступающего.

Ц•И•Ф•Р•Ы

- В 1995 г. Интернет объединял около 5 млн. компьютеров. К концу 1998 г. их стало уже 100 млн., и число это постоянно растет.
- В США проживает более половины всех пользователей Интернета.
- К настоящему времени продан 21 млн. копий программы «Имитатор полета» (MS Flight Simulator).

Что такое виртуальная реальность

Виртуальная реальность — это созданное компьютером трехмерное пространство. Специальный шлем с расположенными на уровне глаз визуализаторами создает полную иллюзию реальности всего происходящего, и нам кажется, что мы находимся в этой реальности. Технология виртуальной реальности используется как в развлекательных целях (интерактивные игры), так и для решения практических задач. Например, врачи могут с ее помощью моделировать сложные операции, пилоты учатся управлять самолетом. На виртуальном тренажере дизайнер интерьера может «войти» в дом и разместить в нем мебель еще до того, как этот дом будет построен. Для того чтобы попасть в виртуальный мир, кроме шлема нужны и другие приспособления, например специальные перчатки «data glove» или особый костюм, плотно облегающий тело пользователя.

Рождение Интернета

Первая компьютерная сеть была создана в 1969 г. при Департаменте обороны США для решения военных задач. Затем проект распространился на исследовательские организации. Сегодня Интернетом пользуются миллионы людей во всем мире.

Могут ли роботы думать

Роботы – это механизмы, способные заменять человека при выполнении сложных, рутинных и опасных работ. Ими управляют специальные компьютерные программы. Сейчас инженеры и конструкторы работают над созданием роботов, способных взаимодействовать с окружающим миром. Более того, некоторые из них уже могут менять свое поведение в зависимости от характера некоторых внешних раздражителей (стимулов). Смогут ли они в будущем «думать», реагировать на нестандартные ситуации, по-настоящему общаться с человеком – пока неизвестно.

• КАК? КОГДА? ПОЧЕМУ? •

Как работает робот?

Пока роботы не могут действовать самостоятельно – их поведение определяет человек. У робота три фазы работы: 1) компьютер дает ему команду; 2) мотор приводит робот в движение; 3) с помощью встроенных устройств – датчиков – компьютер регулирует и корректирует движения.
Есть роботы, которыми управляет человек, находящийся в виртуальном пространстве. Он имитирует те или иные действия и передает роботу соответствующие команды.

Что умеют делать роботы

Роботы широко используются в промышленности, где они заменяют человека при выполнении тяжелых, опасных или особо точных работ. На автозаводах роботы режут и сваривают стальные листы, красят части автомобилей. В электронной промышленности они занимаются сборкой различных приборов.

С·А·М·Ы·Е - С·А·М·Ы·Е

- Самый большой робот был построен для съемок фильма «Парк юрского периода». Это был движущийся макет тираннозавра высотой 5,5 м и длиной 14 м.
- Созданный в Швейцарии робот «Пума» – самый популярный робот, используемый в промышленности и в лабораториях.
- Япония – страна, где больше всего действующих роботов – свыше 300 тыс.
- Американский робот «Зевс» используется при выполнении тончайших хирургических операций на сердце.

Роботы-знаменитости

Некоторые роботы, плод фантазии режиссеров, прославились как главные герои известных кинофильмов, например, роботы «С3–Р8» и «D3–ВО» в «Звездных войнах» и «Хал-9000» в «Космической одиссее 2001».

Кибернетика

Кибернетика— наука о законах получения, хранения, передачи и переработки информации. Ее используют для создания роботов, компьютеров и т. д.

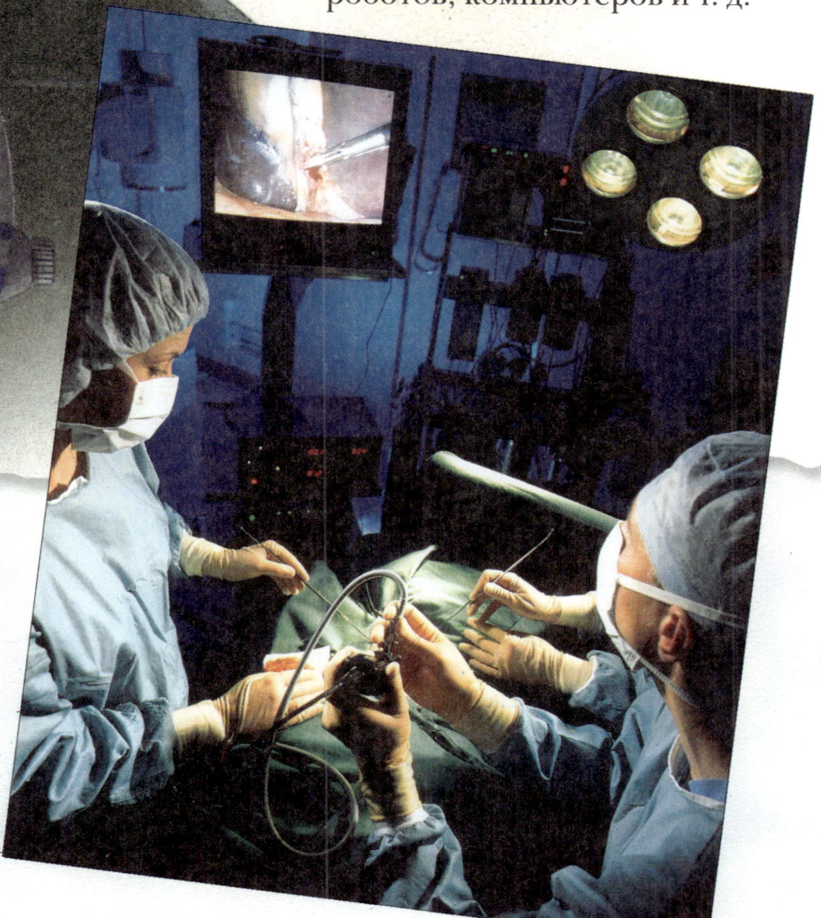

Маленький робот-вездеход «Соджонер» высадился на Марс и исследовал эту планету. Некоторые роботы применяются для выполнения операций, связанных с повышенным риском: при разминировании бомб, работе в опасных для человека средах, при проведении хирургических операций, требующих высокой точности.

Как передаются через спутник телевизионные программы

Сигналы, в виде которых передается телевизионная программа, поступают от передающей станции на искусственный спутник связи, находящийся на околоземной орбите, а тот, в свою очередь, пересылает их на Землю. Здесь их улавливают параболические антенны на домах или принимающие станции, которые передают их по кабелю дальше. Изображение и звук, переданные через спутник, гораздо качественнее, чем те, которые прошли через обычный наземный ретранслятор, потому что в них отсутствуют помехи.

Что такое цифровое телевидение

В цифровой системе телевизионные программы преобразуются в компьютеризованные цифровые данные, то есть представляются в двоичном коде и пересылаются через спутники или по оптоволоконному кабелю. Чтобы принимать цифровую программу, к телевизору необходимо подсоединить декодер, который преобразует цифровые данные обратно в изображение и звук. Цифровое изображение качественнее обычного.

• ЧТО? КАК? КОГДА? •

Что такое платное телевидение?

Некоторые телевизионные каналы передают свои программы в закодированном виде. Чтобы можно было их принимать, необходимо заплатить владельцам декодера – специального электронного устройства, «переводящего» программы на язык изображения и звука. В системе «заплати за просмотр» («pay per view») можно оплачивать лишь те программы, которые ты хочешь смотреть.

Указатель

И

К

О

П

Р

С

Т

У

Ф

Содержание

Земля

Вселенная

Динозавры

Животные

Растения

Тело человека

Наука и техника

ДЛЯ МЛАДШЕГО И СРЕДНЕГО ШКОЛЬНОГО ВОЗРАСТА

БОЛЬШАЯ КНИГА «ПОЧЕМУ»

Перевод с итальянского
О. ЖИВАГО

Ответственный редактор
А. ВЕСЕЛОВА

Художественно-технический редактор
Л. П. КОСТИКОВА

Корректор
Л. А. ЛАЗАРЕВА

Издание подготовлено в компьютерном
центре издательства «РОСМЭН».

Лиц. изд. ИД № 04933 от 30.05.2001.

Подписано к печати 15.02.03. Формат 60x90 1/8. Бумага офсетная № 1. Печать офсетная. Гарнитура Баскервиль. Тираж 7 000 экз. Усл.-печ. л. 30,0.
Заказ № 2629. . С—1030.

ООО «Издательство «РОСМЭН-ПРЕСС».
125124, Москва, а/я 62. Тел.: (095) 933-70-70.

МЕЛКООПТОВЫЙ СКЛАД:
Москва, 1-я ул. Ямского поля, 28 (левое крыло).
Тел.: (095) 257-34-75.

ОТДЕЛ ОПТОВЫХ ПРОДАЖ:
все города России, СНГ: (095) 933-70-73;
Москва и Московская область: (095) 933-70-75.

Отпечатано с готовых диапозитивов в ОАО «Иван Федоров».
191119, г. Санкт-Петербург, ул. Звенигородская, д. 11.

ББК 20(Итал)
ISBN 5-353-01030-2